Jリーグの戦術はガラパゴスか最先端か

League

Tactics

西部謙司

JN237531

〔部〕出版

Contents

第2章 Jリーグ・スタンダード

第5章 史上最も全国的人気を博したヴェルディ川崎

第6章 オシムの芸術　ジェフと日本が目指した未来

第7章 横浜フリューゲルスの早過ぎたバルサ化

第8章 ジュビロ磐田のN-BOX

序章
戦術的に冒険がしやすいＪリーグ

戦術に国境はない。

サッカーは国によって民族によって、さまざまな違いがある。それがまた楽しいのだが、戦術はどうやったら有利にプレーできるかというアイデアなので、良いと思ったら国や民族に関係なくどんどん取り入れられていく。テレビやインターネットが発達した現在では情報の伝わり方も速くなった。

ひと昔前はもう少し伝達速度は遅く、横浜フリューゲルスの加茂周監督が「ゾーンプレス」と言い始めたときに、それが何のことなのか理解している人は少なかった。「ゾーンプレス」は加茂監督の造語で、当時最先端だったACミランの戦術がゾーンディフェンスとプレッシングを組み合わせたものだったから、それを一括りにしたのだろう。加茂監督が盛んに「ゾーンプレス」と言っていたせいか言葉自体は広まっていったのだが、中身を理解している人はほとんどいなかった。ミランのプレーぶりを知っていたとしても、それがどういうふうに成り立っているのか正確に説明できる人もほとんどいなかったと思う。「ゾーンプレス」は謎の戦術だった。

1990年前後、ヨーロッパでは「ミラノ詣で」が流行している。ミランの戦術はヨーロッパでも当初は謎だったからだ。世界各地からミランのトレーニングを見学するためにコーチがミラノへ出かけた。やがてミランの戦術は、普通の戦術になっていった。フリューゲルスの

「ゾーンプレス」は、わかったようなわからないようなままうやむやになった。ちなみに「ゾーンプレス」は日本代表でも加茂監督の指揮下で導入されたが、やはり効果がよくわからないままうやむやに終わっている。ヨーロッパのチームなど、パスをつないでくる相手には効果的だったのだが、ロングボールで中盤を省略するアジアではプレッシングの効果がはっきりしなかったのだ。結局、あってもなくても大勢に影響なしという扱いになって、いつしか忘れられてしまった。

ただ、「ゾーンプレス」とは言われなくなっただけで、ミラン式の戦術は改良を重ねながら徐々にJリーグにも浸透し、ヨーロッパと同じように普通の守備戦術として定着している。加茂監督には先見の明があったわけだ。当時の日本では戦術が一人歩きしてしまったのかもしれない。

戦術一人歩きの傾向が、日本にはあると思う。

いわゆる戦術本ばかり書いている筆者がこう言うのもどうかと思うが、ゲームにおいて戦術の占める割合はせいぜい2、3割というところだろう。

「FKからクロスボールを入れるとして、200回蹴ってゴールにならなかったとしても、201回目も〝そこ〟へ走り込むことが重要なのだ」

文言は正確でないかもしれないが、マルセロ・ビエルサ監督がこのようなことを言っていた。この例では、クロスボールを蹴り込むポイントとして決めてある〝そこ〟が戦術である。そこへ蹴るのが正解かどうか、議論の余地はあるだろう。しかし、それが合っていたとしても、そこへ正確にクロスを蹴り込めるかどうかという問題がある。それは技術だ。しかし、戦術と技術があっても〝そこ〟へ誰も走り込んでいなければゴールは生まれない。200回でやめてしまえば、201回目に生まれたかもしれない得点はない。戦術、技術、意志がそろって初めて何かができるわけだ。

戦術そのものの伝達が速くなり、例えばヨーロッパのトップクラスのチームとJリーグで、戦術そのものの差はあまりなくなっている。

近年の傾向で興味深いのは、これまでヨーロッパや南米の戦術を後追いしてきたJリーグが、オリジナルを発信しはじめていることだ。しかも、そうしたチームが上位に進出している。

サンフレッチェ広島の戦術は独特で、他に同じものを見たことがない。広島でこれを作り上げたミハイロ・ペトロヴィッチ監督が浦和レッズでも同じ戦術を導入したので、世界でも珍しい戦術を使うチームが同じリーグに2つあるというさらに珍しい状況だ。

風間八宏監督は独特の感性を持っていて、川崎フロンターレでもそれが浸透してきた。風間が広島でプレーしていたとき、当時のスチュワート・バクスター監督がキックオフの際にサイドの深いスペースへボールを蹴って走り込ませるという作戦を授けた。皆、言われたとおりサイドのスペースへ蹴ったら、ボールが走りすぎてゴールラインを割ってしまった。しかし風間だけがそうならなかった。スペースではなく、DFの頭上ぎりぎりを狙ったからだ。DFがぎりぎりクリアできないボールなら、DFの背後へ落ちる。もしヘディングがとどいてもクリアが飛ばないのでセカンドボールを拾える。スペースへ蹴れと指示されてスペースを狙わない、しかし指示どおりの効果を出す。コロンブスの卵のようだが、そんな風間監督が技術を定義しなおした川崎は注目のチームとなっている。

2012、13年と2年連続のJ2・3位、J1昇格プレーオフで敗れて昇格できなかった京都サンガのサッカーはさらに独特だ。フィールドの横半分にフィールドプレーヤーのほとんどが集まってしまう。見た目は、初めてサッカーをする幼稚園児の〝ニワトリ・サッカー〟。大木武監督がヴァンフォーレ甲府のときから導入している戦術なのだが、これも相当独特である。

ヨーロッパや南米のリーグで、こういう珍しいサッカーをやるチームが優勝したり、上位にくるという例は少ない。クラブの貧富の差がはっきりしていて、リーグのヒエラルキーが固定的だから上位チームは冒険をしないほうが勝ちやすいからだろう。

レアル・マドリードは世界でもトップクラスの選手を毎年のように獲得できる。そういうチームに小細工はいらない。誰でも理解できる標準的な戦術のほうが、新加入のスター選手に馴染みやすい。バイエルン・ミュンヘン、FCポルト、マンチェスター・ユナイテッド、マンチェスター・シティ、パリ・サンジェルマンといった各リーグのビッグクラブは、それぞれのリーグで最高の人材を揃えられるので、戦力差をそのまま反映させれば十分勝てる。

他のどこもやっていないような戦術は、むしろこうしたビッグクラブに対抗するチームのものだ。ボルシア・ドルトムントはその成功例で、ビッグクラブなのに独自性が高いバルセロナという例外もあるけれども、奇策の王者はあまり現れない構造になっている。

Jリーグは20年を経過して、ヨーロッパのようなビッグクラブはまだ現れていない。他クラブと比べてリッチなチームはあっても、なかなか突出した戦力を持つには至らない。実質的に外国人枠のないヨーロッパとは背景に違いがあり、そこまで経済的な格差も大きくないからだろう。

戦力的に突出したチームがないJリーグは、戦術的に冒険がしやすい環境なのかもしれない。戦力に差がなければアイデア次第で優劣が決まる余地が大きい。一方で、アジアのビッグクラブ化した中国の広州恒大や中東のクラブを破って、日本のチームがアジアチャンピオンズリーグで優勝するには、戦力差を埋める何かが必要だ。この現在の立場は、戦術の発展という点ではやはりなかなか良い環境といえる。

独自性を発揮しはじめたJリーグは、この先どのような進化をみせるのか。過去、いくつかの独特な戦術を披露したチームがあった、ジュビロ磐田のN－BOX、イビチャ・オシム監督が率いたジェフユナイテッド市原（千葉）も、同じサッカーをしているチームは当時世界中になかったと思う。日本は〝世界〟の背中を追っているときに一番勢いがあるとよく言われるけれども、ことサッカーに関してはけっこう平気で我が道をゆく。

世界のトップクラスのチームでプレーする日本人選手も出てきた。やがて世界のトップクラブを指揮する日本人監督も出てくるのかもしれない。

第1章

ガラパゴスか最先端か？ミシャの冒険

広島と浦和のガラパゴス化

２０１２、13年とＪ１連覇を果たしたサンフレッチェ広島のプレースタイルは、ミハイロ・ペトロヴィッチ監督が創り上げたものだ。ペトロヴィッチが広島を離れて浦和レッズの監督に就任したシーズンに広島が初優勝したのは皮肉だが、栄冠は〝ミシャ〟がいなかったらありえなかった。

広島、その後に浦和へ移植されたプレースタイルは世界的にみてもかなりユニークな戦法である。ひょっとしたら、「ガラパゴス化」の一種ではないかという気がするぐらいに。ガラパゴス化とは、進化論におけるガラパゴス諸島での特殊な生態系になぞらえた警句であり、孤立した環境への最適化が進みすぎると外部との互換性がなくなり、最終的には淘汰される危険があるという話だ。よく例にあげられる日本の携帯電話は、技術的に最先端をいっていたにもかかわらず、世界市場から取り残されたあげくにスマートフォンに淘汰された。ガラパゴス化した携帯＝ガラケーといわれている。

Ｊリーグは外部（外国）との接点がほとんどない。アジアチャンピオンズリーグやクラブワールドカップ、数少ない親善試合のほかにはほとんど国際試合がない。その点ではガラパゴス諸島なみの孤立した環境といえるかもしれない。その中で、広島がＪ１を連覇し、さらに浦和が2013年の優勝争いに加わった。両者の戦術はほぼ同じ、独自性の強い特殊なスタイルだ。それが日本というガラパゴスな環境のみに適応したものなのか、それとも世界的にも通用するものなのかはまだ何ともいえない。ただ、ユニークで多くの示唆を含んだ戦術なのは確かである。

広島（浦和）スタイルがユニークなのは、第一に攻守でフォーメーションが変わるところだ。メンバー表のうえでは3―4―2―1になっている。だが、実際にこのフォーメーションでプレーしている時間帯はほとんどない。攻撃のときには4バック、守備では5バックだからだ。3バックでプレーしている時間は少ない。このように攻守でフォーメーションが変わること自体は珍しくない。というよりも、フォーメーションを固定したままプレーするチームなどないと言ったほうがいいだろう。4バックでも攻撃時にサイドバックが前線へ上がれば3バックになるし、守備時に中盤の人数が増えるのもごく普通に起こる。ただし、プレーの流れの中で自然に変化するのではなく、意図的に変化させている点で広島式は珍しい。

攻守で意図的にフォーメーションが変化するチームとしては、かつてのメキシコ代表が思い浮かぶ。メキシコはMFが下がってきてサイドバックが上がり、広島とは逆の4バックから3バックに変化する形を得意としているが、サイドバックの上がり方が左右非対称だったり、毎回かなりユニークだ。それが作り込んだ結果なのか、選手の個性優先の自然発生的なものなのかは正直よくわからないが。

　１９９４年アメリカワールドカップで優勝したときのブラジルも可変型だった。相手が３トップ（1トップ）のときには４バック（２バック）、２トップなら３バックを基調としていた。ボランチのドゥンガかマウロ・シルバがディフェンスラインの中央にポジションを下げ、両サイドバックが高い位置をとれば３バックとなり、反対にサイドバックが下がって２ボランチになれば４バックになる。ブラジルは試合中にフォーメーションを変化させることもあったが、基本的には相手のフォーメーションに噛み合わせた結果だった。

　ちなみに、この94年型セレソン方式は２０１３年のコンフェデレーションズカップに優勝したチームにも踏襲されている。２ボランチのうちの１人（ルイス・グスタボ）がビルドアップ時にセンターバックの間にポジションをとり、相手の前線２人（1トップ＋トップ下）に対して数的優位を確保してパスを回していた。コーチングスタッフに94年の優勝監督であるカルロス・アルベルト・パレイラが入っていることにも関係があるのかもしれない。ただ、こういうフォーメーションの変化はもはやブラジル独自のものではなくなっている。

　ブラジルは伝統的にゾーンの４バックを基調としてきたが、比較的〝人〟への意識の高い守り方である。相手の前線の人数が変化していく中で、マッチアップをどう噛み合わせるかは課題の１つだった。90年イタリアワールドカップでは完全な３バック対応だったが、例のごとく

「守備的すぎる」と批判された。そこで94年にはセンターバックを3人並べるかわりに、状況に応じて中盤から1人下げる形に変化した。これなら相手の前線が1トップ、2トップ、3トップのいずれにしても噛み合わせることができる。94年以降はディフェンスラインへ下がる「第一ボランチ」と中盤に残る「第二ボランチ」の役割分担が定着していった。

相手のフォーメーションに噛み合わせるという点では、あまり知られていないがバルセロナがそのやり方である。バルサは相手とは無関係にフォーメーションを決めている印象があるが、実際にはまったく逆だ。その点は94年のブラジルと同じである。〝ドリームチーム〟のときの3－4－3はバルサのトレードマークになっていたが、この時期には2トップの相手が多かったので3バックになっていただけなのだ。90年代に1トップが大勢を占めた時点では4バックになっている。

このように可変型のフォーメーションはこれまでにもあったわけだが、いずれも相手チームとの噛み合わせが変化の発端としてあった。つまり、守備の事情でそうなっていた。ところが広島の場合は、相手とは無関係にフォーメーションを変えている。その点では、94年型ブラジルやバルサよりもメキシコに近く、さらにメキシコよりも変化の仕方に規則性がある。相手への対処でも個人の特徴を生かすためでもなく、最初からフォーメーションを変化させることが決まっているのだ。

攻撃時の4バック

攻撃時の広島式は5バックから4バックに変化する。まず、守備時にサイドバックの位置にいる選手は最前線近くまで上がる。このサイドバックの移動距離の長さは大きな特徴だ。そして、中央を固めていた3人のDFのうち、左右が開いてサイドバックのポジションに入る。つまり、守備時のサイドバックはウイングとなり、センターバックがサイドバックに変化する。さらに、MFの1人がセンターバックの位置まで下がる。この下がるMFは森﨑和幸の役割で、もう1人のボランチである青山敏弘はそのまま中盤に残る。ブラジル風にいえば森﨑和が第一ボランチ、青山が第二ボランチだ。

2013年の主要メンバーで説明すると、攻撃時の4バックは右から塩谷司、千葉和彦、森﨑和、水本裕貴になる。この4バックの前に、青山が1ボランチとしてポジションをとる。この5人が後方のユニットだ。

守備→攻撃でフォーメーションを変化させる理由は、後方の5人によるボール支配力を高めるためと考えられる。

4バック＋ボランチでビルドアップを始めるのは、広島にかぎらず多くのチームが行っているが、広島がユニークなのはセンターバックにフィード力のある選手を2人揃えているところだ。通常、センターバックの1人はボール扱いに優れたビルドアップ能力の高い選手が起用されることが多いが、２人揃えているチームは少ない。例えば、レアル・マドリードのように世界中から名手を獲得できるチームでも、センターバックの１人はペペなのだ。相棒のセルヒオ・ラモスはパス能力が高いが、ペペのほうは守備力抜群でもビルドアップのほうはそれほどでもない。これは、センターバックに要求される能力の第一が守備力だからだ。

セルヒオ・ラモス、ジェラール・ピケ（バルセロナ）、マッツ・フンメルス（ボルシア・ドルトムント）、チアゴ・シルバ（パリ・サンジェルマン）のように守備力と攻撃力を高い次元で兼ね備えた逸材もいるが、このクラスを２人揃えるのは世界のトップクラスでもなかなか難しいのが現状なのだ。守備と攻撃、どちらの能力を重視するかとなると十中八九は守備力が優先になる。長身でパワーがあり、読みや1対1に優れた守備能力は、ビルドアップ能力よりも優先される。バルサはセンターバックらしいパワーや高さよりも、スピードとビルドアップ能力に優れたタイプを優先しているが、これはバルサの守備がほぼカウンター対策に特化しているためで、例外といっていいだろう。広島は、ＭＦから１人下げることでセンターバックの２人ともビルドアップ能力の高い選手を並べている。この点がユニークだ。

ビルドアップのベースになるのは、２人のセンターバックとその前に位置するボランチのトライアングルである。

相手チームは多くの場合2人の選手が前線の守備を行う。1トップ+トップ下か、2トップだ。つまり後方のビルドアップにおいて、中央部（2センターバック+1ボランチ）には1人の数的優位が発生する。2人のセンターバックがマークされればボランチが空き、1人がボランチを抑えればセンターバックはどちらかがフリーになる。

多くのチームはセンターバックのうち1人のビルドアップ能力がそれほど高くないので、そちらのセンターバックにボールを持たせれば、組み立ての力を削ることができる。実際、Jリーグでも一方のセンターバックに意図的にボールを持たせる守備をするケースは少なくない。

広島がユニークなのは、ビルドアップ能力に優れたボランチをセンターバックに下げることで、センターバックの2人ともが攻撃の起点になりうるところにある。千葉と森﨑和は、2人ともボール扱いが良く、長短の正確なパスを配球する能力がある。さらに1つ前にいる青山は急成長したボランチで、日本代表で遠藤保仁のバックアップを探すなら最右翼といっていいほど安定したビルドアップ能力を有している。このトライアングルの安定感は広島のアドバンテージだ。

ちなみに、相手の前線の守備は多くの場合で2人と記したが、もっと多くの人数で前方からプレッシングを仕掛けてくることもある。広島の後方の人数が5人（4バック+1ボランチ）だとしても、そこへ5人がプレスにいけば広島の数的優位はなくなり、ビルドアップを分断することも可能と考えられる。そこで、広島は次の一手を用意している。

ＧＫのビルドアップ能力

広島の攻撃は４バック＋青山で形成される後方５人のボール支配力がカギなのだが、忘れてはいけないのがＧＫ西川周作のビルドアップ能力だ。後方のビルドアップを担当するのは５人ではなく実は６人なのだ。

西川は両足でボールを扱える。ロングキックを左足で蹴ることが多いので左利きと思われているが実は右利き。中学生までフィールドプレーヤーを兼任していたので、左足のキックを練習したのだそうだ。たんに両足のキック力があるというだけでなく、西川はボールを止めるのも上手く、どこへパスを出すかの判断も優れている。ビルドアップに関してはＧＫの域を超えていて、フィールドプレーヤーと何ら変わらない。

広島は後方から組み立てていくときに決して攻め急がない。むしろ必要以上に長くボールを持っていることさえある。守備から攻撃でポジション移動があるので時間がかかるせいもあるかもしれないが、それよりも後方でしっかりボールを保持しようという意図がうかがえる。

広島が後方でパスを回すのは相手チームにもわかっているから、前からプレスをかけて奪いに来ることもある。そして、広島はそれを誘っている。

ボールを的確に扱えるGKがいるので、どんなにプレスをかけられても安全なパスのコースは必ず1つある。GKは必ずフリーだからだ。GKにもプレスがかけられるとすれば、相手は相当に前がかりになっている。広島の後方の5人にGKへのプレスも加えるなら、少なくとも5、6人が広島陣内に来ていることになる。逆に、広島の前線近くには後方の5人以外の5人がいるわけで、そこへのマークが同数になる可能性が高い。同数ならば、ロングボールを前線につなげば一気にチャンスになる。もし相手が6人でプレスをかけてくるなら、当然、広島は敵陣近くで1人がフリーになっている。

相手を前がかりにさせれば、一気にカウンターを狙うチャンスだ。もちろんプレスされてボールを失ってしまえば本末転倒だが、GKがビルドアップの頭数に入っているのは大きい。プレスされてもボールを失わなければ、次の瞬間には一気にゴールへの道が開けるわけで、広島は相手が食いついてくるのを待っている。

広島のトレーニングはハーフコートを使っての11対11に大部分の時間を割いていて、その中でGKを使ったビルドアップは頻繁に行われている。GKのミスも起こっている。しかし、ミスが起きてもGKを使ったビルドアップに変更はない。ミスをすると決定的なピンチになるから「やめよう」という発想ではなく、ミスがほとんど起こらないレベルまで上げていこうという姿勢でトレーニングを続けてきた。結果的にＧＫのビルドアップやフィード能力は上がり、実戦でもメリットのほうがデメリットより大きくなっている。もともと足下の上手い西川だけでなく、他のＧＫも足を使ったプレーのレベルは高い。

「ミスが起こったとしても、ＧＫだけが責められるような雰囲気はないですね。ミスの１つ前、２つ前から分析しています」（西川周作）

ＧＫも含め、後方でのつなぎのミスが失点につながるケースはある。広島のファンの間では「サンフレッチェらしい失点」と呼ばれていたそうだ。しかし、その「らしい失点」も時間の経過とともに減っていった。

「時間帯やゲームの流れに応じて、大きく蹴るときは蹴るようになった」（西川）

ここは重要なポイントだろう。最初から「危ないときは蹴れ」という姿勢でプレーしていたとしたら「危ない」と感じる領域は変わらない。広島の場合は蹴らないで徹底的につなぐ姿勢を崩さなかった。とくにトレーニングでは簡単に蹴り出すことはほとんどない。そうすると「危険」の領域は小さくなる。危ないと感じていたケースでも、実はまだボールをつなげることがわかってくる。逆に、どうなったら無理なのかもはっきりしてくるので、「時間帯やゲームの流れ」に応じて危険領域の設定を変えることもできるわけだ。つまり、リスクを計算するときの幅ができる。

最初から「安全第一」だと、いざリスクを背負ってつながなければならない場面が到来しても、普段からやっていないのだからGKからのスムーズなビルドアップはできない。「危ないときは蹴れ」に慣れていると、危なくてもつながなくてはならないときに無理が利かない。広島の場合は、明らかに危険、危険はあるがつなげる、ほぼ危険がない、この3段階を状況に応じて選択できる。リスクを過大評価することがなく、要はGKを使ってのビルドアップは当たり前で全く恐がっていない。この点で、Jリーグでは最も進歩の早かったチームだった。

中盤の空洞化

後方からのビルドアップの狙いは、簡単にいえばボランチにフリーでボールを持たせることだ。相手の3ラインの守備の間を攻略していくのが基本的な攻撃のルートになるが、その第一歩が相手FWとMFのラインの間をとること、つまり主にボランチへつなぐパスになる。

相手が前がかりにプレスしてこない場合は、相手FWによる守備の開始はハーフウェイラインライン付近になる。攻撃側は、いかに守備側のFWを前へ引きずり出して、FWとMFの間にいる選手へパスをつなぐかが最初の狙いになる。この相手ＦＷとＭＦの間へのつなぎを仮に〝第一ポイント〟とすると、第二ポイントは相手ＭＦとＤＦの間へのパスになる。第一ポイントをとることで、今度は相手ＭＦを引きずり出すことが容易になり、そうすると相手ＭＦとＤＦの間隔が開くので第二ポイントをとりやすくなる。ここはいわゆるバイタルエリアであり、ここまでボールを運べれば、あとはＤＦの裏をつく最後の仕上げが残っているだけだ。

第一ポイントをとることで第二ポイントがとりやすくなり、そこまで行けばフィニッシュへつなげられる可能性は大きくなる。これが多くのチームが狙っている基本的なルートである。広島もそうした手順をとることはあるが、第一ポイントをとばして、いきなり第二ポイントを狙うことが多い。これも広島らしい特徴といえる。

後方のボールキープから、１つ前（相手ＦＷとＭＦの間）につなぐのではなく、いきなりバイタルエリア（相手ＭＦとＤＦの間）にパスをつないでしまうのだ。後方のボール支配力が強いので、相手のボランチを手前に引き出すことができる。そのときには、２シャドーや１トップ、あるいはウイングに長めの縦パスを入れ、一気にギアチェンジしてフィニッシュへ持っていく攻め方を得意としている。

サッカーでは中盤の重要性がよく強調される。中盤を支配すればチャンスの数も多くなり、得点の可能性も高まるのだから、確かに中盤は重要な地域だといえる。しかし、広島はいきなり第二ポイントを狙う組み立てが他のチームより目立っている。そして、攻撃において重要であるはずの中盤に選手がいない。これも大きな特徴になっている。第一ポイントをスキップして第二ポイントを狙うにあたって、広島は中盤を空洞化させている。

後方でボールをキープしているときの広島は、後方と前方に5人ずつ分離する傾向があり、そのときには一時的に中盤に選手がいない状況が生まれている。後方の5人は前述したように、4バック＋1ボランチの5人だ。一方、前方の5人は1トップの佐藤寿人、2シャドー（例えば森﨑浩司と髙萩洋次郎）、そして2人のウイング（ミキッチと清水航平）になる。この前方の5人は、相手の4バックの中間にポジションをとる。4バックの間にある3カ所のスペースに1トップと2シャドーが入り込み、その外側やや下がった位置に両ウイングがいるというイメージだ。つまりそれぞれ相手にとってつかみにくい場所にポジションをとっている。

対戦相手が4－2－3－1の場合、広島と対戦するチームの2ボランチは、しばしば誰もいない場所を守っている。スペースは埋めている。けれども、広島の2シャドーが少し引いて縦パスを受けるときに、相手のボランチにとってはその動きを把握しづらい。背後で動かれるからだ。もし、ボランチが広島の後方のパス回しに釣り出されていたら、例えばディフェンスラインにいる森﨑和幸から、バイタルエリアにいる髙萩へ直接パスを入れることが可能になる。ビルドアップの第一ポイントを経由しなくても、いきなり第二ポイントへボールを運ぶことができるわけだ。

逆に、相手のボランチが2シャドーへのクサビを警戒してマークすると、今度はボランチが引きすぎて、広島の第一ポイントが途方もなく広がってしまいかねない。ここをとられると、結局は第二ポイントを抑えるのも難しくなる。

対戦相手にとっては、ディフェンスラインでも同じようなジレンマがある。片方のサイドのサイドバックが広島のウイングをマークすると、シャドーの選手へのマークが甘くなりやすい。センターバックがマークしてしまえばいいのだが、そうすると守備の中央部はセンターバック1人に対して、広島は2人（1トップとシャドー）という状況になってしまう。そのとき、ディフェンスラインで人数を調整しようとすれば、逆サイドのサイドバックが中央に絞って1人をマークすれば同数にはできる。しかし、これでは広島のウイングが逆サイドでフリーになってしまう。

要は、4バックに対して広島が5人のアタッカーを前線に投入しているので、人数が合わないのだ。しかし、ボランチがディフェンスラインに吸収されれば前述のように中盤のスペースを空けてしまうことになる。ウイングハーフが下がれば、広島のサイドバックがフリーになる。そもそも攻撃的な選手を起用しているウイングハーフを自陣深くまで下げるのはあまりやりたくないはずだ。

広島が対戦相手に投げかけてくる「数のジレンマ」に対して、有効な解決策を示した例はいくつかある。

２０１２年なら、第20節のＦＣ東京がそうだった。相手は広島ではなく浦和レッズなのだが、戦術は同じ形なので対広島でも有効だろう。ＦＣ東京は基本的に全部１対１のマッチアップにしてしまったのだ。ピッチ上の人数は同じなのだから、極論すれば１対１を10個作ってしまえば「数のジレンマ」など起こらない。ガンバ大阪も、同年にやはり浦和に対して同種のやり方で成功を収めている。

ただし、そうした守備方法を日頃からやっているチームならいいが、そうでない場合は自分たちの良さが出ないリスクもある。

１トップ＋２シャドー

広島の攻撃面での特徴の１つに、前線中央部の１トップ＋２シャドーの構成が挙げられる。多くのチームは１トップ＋トップ下だが、あえてトップ下を２人置いている。前線中央の組み合わせが２人なのか３人なのかは、意外と大きな違いなのではないかと思う。

1トップ+トップ下、あるいは2トップのケースでは、2人のコンビネーションは比較的単純だ。1人がターゲットマンとして縦パスを収めてさばく役割、もう1人が裏のスペースへ飛び出す役割というのが標準的な組み合わせだ。1人のストライカーと、セカンドストライカーという言い方もできる。1人がニアポストへ詰めるなら、もう1人はファーサイド、1人が裏へ走れば他方は手前へ引く、1人がサイドへ開くなら他方は中央……2人の動きが重ならなければいい。

ところが、これが3人になるとかなり複雑な関係になってくる。

基本的には1人がクサビを受けるなら、2人目はそのサポート、3人目は裏のスペースを狙うという役割分担になるが、動くタイミングや次のアクションでの変化を含めると、2人の関係に比べてかなり多様なバリエーションが可能になる。2人から3人へと関係性が変わると、一気に複雑になってくるのだ。それだけ守備側には予想が難しい。

ちなみに、「3」はサッカーのマジックナンバーであるような気もしている。3人の密接な関係性はサッカーではよく見られる。サイドバック、サイドハーフ、ボランチのトライアングル、あるいはセンターバックとボランチの3人のように、3人のグループによる密接な関係はピッチ上でよく見られるはずだ。ところが、4人のコンビネーションというのは滅多にない。4人が同時性を持って動くのは4バックなど守備の場面ではあるけれども、攻撃で4人単位の同時性をもったコンビネーションはあまり見た記憶がない。おそらく、攻撃のコンビネーションで同時性を維持できるのは3人が限界なのではないだろうか。

広島は3人のコンビネーションをパターン化していない。

トレーニングのメインとなっているハーフコートマッチなど、試合形式の中でコンビネーションを高めていく手法を採っている。ごく単純な3人1組のパス回しを1トップ、2シャドーのトリオで行うなど、3人が互いを理解できるような配慮はされているが、定型のパターン練習はしていない。定型に収めるには、3人単位のコンビネーションは複雑すぎるのだと思う。

試合形式のトレーニングの中では監督のアイデアが加味されることもあるし、偶然できてしまったコンビネーションを採り入れていくこともある。選手同士での話し合いもある。いずれにしても、3人のコンビネーションは奥が深いぶん、自分たちで創り上げていく楽しみがある。この点でも「3」はマジックナンバーなのかもしれない。

ピッチの縦全域をカバーするウイングバック

広島のサッカーは各ポジションが複数の役割を兼ねているところに大きな特徴がある。

ＧＫはリベロとしての役割を兼ね、ビルドアップ時にはパスワークに加わる。フィールドプレーヤーと同じように組み立てる能力と役割が要求されている。

キックオフ時に３人いるＤＦは、両サイドがセンターバックとサイドバックを兼ねている。２人のボランチのうち１人は、攻撃時には最終ラインへ下りてきてビルドアップの軸になるからＭＦとセンターバックの兼任だ。比較的、移動が少ない２シャドーも守備時には深く引いてサイドハーフとなるので、ここも２つのポジションを兼ねている。

ポジションが動かないのは中央のセンターバック（千葉和彦）、ボランチの１人（青山敏弘）、そして１トップ（佐藤寿人）だ。この３つのポジションに関しては従来の概念と変わらない。逆にいえば、広島の戦術は従来のポジション概念とは違った新しいポジションで構成されていて、その新しいポジションをこなすには従来の２つのポジションに要求されていた役割を両方できるだけの資質が必要になるわけだ。

なかでも、最も稼働範囲が広いのはサイドのプレーヤーである。便宜上、ここではウイングバックと呼ぶことにしたい。

2012年なら、右サイドはミキッチやファン・ソッコ、石川大徳、左は山岸智、清水航平。このポジションは守備時にはサイドバックとして守り、攻撃時にはウイングとして最前線まで上がっていく。ピッチの縦を大きく上下しなければならず運動量は相当なものだ。

3－5－2システムでの従来のウイングバックにも長い距離の上下動は要求されていた。4バックの場合のサイドバックもその点はそんなに変わらない。ただ、広島が特異なのはサイドバックとしての守備力とサイドアタッカーとしてのスペシャリティが、同等に求められているところだと思う。

広島の人選をみると、まず攻撃力が重視されている。スピードがあり、1対1での突破力、精度の高いクロス、さらにフィニッシュが主に求められていて、ミキッチは右サイドのスペシャリストだ。縦に抜く力があり、相手を抜き切らなくてもクロスを蹴れる能力は彼ならでは。切り返して左足を使うこともできる。佐藤とのコンビネーションも良く、動きとポジショニングで勝負したい佐藤の意図を汲んで繰り出すクロスは、広島の得点源となっている。

清水は12年のシーズンで最も伸びた選手の1人だろう。ドリブルにキレがあり、外へ持ち出すのもカットインするのも上手い。開幕当初は山岸がこのポジションのレギュラーと目されていたが、山岸が故障中にレギュラーポジションを勝ち取っている。

山岸はミキッチ、清水ほどのスピードはないが、ユース時代はストライカーだっただけに中へ入っての得点力があり、左右両足を使える利点を生かして安定感のあるプレーをする。石川は山岸に似ていて平均して何でもやれる。

広島のウイングバックは攻撃力が求められているが、守備のときは深く引いて5バックのディフェンスラインを形成する。サイドバックとしての守備力もそれなりに要求されている。資質的には攻撃型なのだが、役割としては守備もしっかりやらなければならない。ただ、最終ラインまで引いたときに、ボールと反対サイドが中央に絞る動きがないのは4バックにおけるサイドバックと違うところだろうか。4バックのサイドバックは中央に絞ったときはセンターバック的なプレーが必要になる。例えば、ファーサイドへのハイクロスをヘディングでクリアしたり、中央の味方が抜かれたときのカバーリングである。広島のウイングバックには、センターバック的なプレーはあまり求められていない。中央にはすでに3人のDFがいるので絞る必要があまりないからだ。

ところで、攻撃のときは最前線近くまで上がり、守備では最後尾まで戻るウイングバックの稼働域の広さは広島の長所であるとともに弱点にもなっている。

攻撃時に両サイドが前線に出たときのフォーメーションは4－3－3になる。そこでそのまま前からプレスをかければ4－3－3のまま守ることは可能だ。しかし、相手にボールをつながれてしまったとき、ウイングバックは前線にとどまることなく、深く引いてこなければならない。このときの戻る距離が長いので、ウイングバックが戻りきる前に攻められてしまうとピンチになりやすい。

もちろん、広島は攻撃時にも2人のセンターバックとボランチの計3人が後方に残っているから、ある程度相手のカウンターに対応はできるのだが、本来の守備組織は5－4－1なのでウイングバックが帰陣して万全の体勢といえる。ただ、ウイングバックの移動距離が長すぎるのだ。

リトリートすると決めたときには、ウイングバックが帰陣するまでディレイする守備になるのだが、ウイングバックがポジションについたときには自陣深いところまでボールを持ち込まれているケースが多い。つまり、攻→守のポジション移動に時間がかかるために高い位置でプレスをかけにくくなっている。

自陣深くでの守備は、守→攻にも問題を連鎖させる。広島が5－4－1を敷いて深く守っているとき、前線には1トップしか残っていない。しかも佐藤はロングボールを拾って相手選手を背にしたままキープするのが得意なタイプではない。ロングパスを1トップにキープしてもらってカウンターという形にはなりにくい。そこで、自陣の深い位置でボールを奪った場合でも、簡単にロングボールを使わずにつなぐ選択をすることが多い。そのときサイドバックの位置に本来は攻撃型のウイングバックがいるのは利点になっているのだが、やはり自陣の深い場所でのパスは相手のプレスを受けやすく、そこで奪い返されるとピンチになる。

ただ、リスクは高いのだが、広島の場合はGKに下げても展開ができるのと、何とか奪われずにいれば相手が引いてくれるケースがほとんどなので、広島のカウンターにもならないかわりに遅攻の形にすることはできている。

そして、スローダウンしてビルドアップをするときには、後方に数的優位を確保しつつ、じっくりとパスを回していく。後方でのキープ時間があまりにも長いと感じるときもあるが、このタメがあるからこそウイングバックを押し上げる時間も作れているわけだ。

広島もカウンターアタックは得意だが、いつも自陣深くからカウンターを狙ってしまうと、それが難しいばかりかウイングバックへの体力的な負担があまりにも重くなってしまう。その意味で、あえてカウンターに固執しないゲーム運びは、多大な距離を移動しなければならないウイングバックをパンクさせない配慮となっている側面がある。

5－4－1の人海戦術

前線からプレスせず、リトリートして守るときの広島は5－4－1のフォーメーションになっている。

選手の移動の仕方は守備→攻撃とは反対だ。まずサイドバックが中央に絞って3バックを形成し、同時に最終ラインに引いていたボランチが前方へ動き、1ボランチから2ボランチへ変化する。ウイングバックは戻ってサイドバックのポジションを埋める。ウイングバックの手前のスペースには2シャドーが引いてくる。サイドのペアは、シャドーとウイングバックだ。

移動が完了すると最終ラインはペナルティーエリアの幅を3人のDFが守り、両サイドはウイングバック、その手前のラインを4人のMFがディフェンススクリーンを形成することになる。ボールより9人が引いた形で人数は十分だ。この9人の守備ブロックを作られてしまうと、相手はなかなかブロック内に侵入するのは難しい。

広島の守備戦術の欠点は、前述したようにウイングバックの移動距離が長いために、両サイドが引ききるまでにある程度の時間がかかること。結果的に、9人の守備ブロックが出来上がったときには、最終ラインはペナルティーエリアの外まで下がった状態となり、高い位置にディフェンスラインを置くのは難しい。それと、もう1つはこの深い9人の守備からカウンターを仕掛けるのが難しい。この2点が問題点だ。

ただし、9人の守備ブロック自体は非常に強固で、まさに蟻の這い出る隙もないという感じである。

初優勝した2012年の広島は、戦術的にはそれ以前と変わっていない。ただ、守備の意識が高くなったといわれている。森保一監督は開幕前のキャンプから守備意識を高めることに重きを置いていた。ミハイロ・ペトロヴィッチ前監督のときは、守備戦術のトレーニングをほとんどやっていなかった。ハーフコートマッチなどで指示はしていたが、チーム全体でどう守るかという点では決まり事がはっきりしていなかった。

森保監督が植え付けたのは、基本的には「まず自分のポジションに戻ること」だったそうだ。これは攻守の切り替えに時間がかかるチームの特徴を考慮すると、的確な方針だったのではないかと思われる。ブロックを作ってしまえば強固だが、そこまでの移行過程は不安定な状態になりやすいからだ。前線からプレスできるときと、できないときの守り方をはっきりさせて、中途半端な間延びした状態を避けた。迷ったら、まず自分のポジションに戻れば、少なくとも深く引いて守備ブロックを作ることはできる。

ブロック守備の強さは、試合運びの上手さにもつながった。

9人が引いてしまえば簡単にはやられない。そこで、リードした後は守備に重心を移してカウンターを狙う展開に持っていけばいいという安心感が生まれた。ラインは深いし、1トップもターゲット向きではないのでカウンターに最適というわけではないが、リードしているのだから無理をせずにブロックを固めていれば、逃げ切り可能な流れになる。逆に、無理に追加点を狙えば、攻撃から守備の移行時の不安定さをつかれて失点しかねない。リードされている相手は、リスクを負っても思い切って攻め込んでくるからだ。

広島は攻撃型のチームではあるが、リードしたときは一転ブロックを固めて守るという試合運びをするようになった。これは、「まず自分のポジションに戻れ」という監督の指示どおりにやれば自然とそうなるわけだ。もちろん引きっぱなしではやられてしまうので、ボールを奪ったときに、パスをつないで後方ビルドアップの形に持っていける能力が効いている。ボールを保持できれば、いったん相手を押し込むことができるので、試合のリズムを変えられるのは大きい。

守備のカギを握るシャドー

守備のときには5－4－1で分厚く守る。そのときにカギになるのが2シャドーだ。

攻撃時には4－1－2－3になっている。それが5－4－1に変化するとき、移動距離が最も長くなるポジションはウイングからサイドバックになるウイングバックの2人だが、タッチライン際での上下動なので、動き方自体は単純だ。

一方、2シャドーの選手は攻撃時には中央にいて、最終的にはウイングバックと協力してサイドを守ることになる。中央寄りで守備を開始して、最後は自陣でサイドを守る。まっすぐに引いてくるわけではないので、いつ、どこを守るべきなのか判断が難しい。

ウイングバックは攻撃時に相手チームのサイドバックにマークされている。攻守が入れ替わったときには、そのまま相手のサイドバックをマークすればいい。ただし、最終的には自陣のサイドに引いて、相手のウイングやサイドハーフをマークすることになる。つまり、相手のサイドバックへのマークを捨てて、サイドアタッカーへのマークに切り替えているわけだ。

このウイングバックの守備に、シャドーは連動していくことになる。最初は中央で相手のボランチをマークしながら引き、最後は外に出てウイングバックの手前のスペースを抑える。主に相手のサイドバックをマークすることになる。

シャドーの守備のやり方としては、まず中央を締める。そして、ウイングバックが深く引いた時点で外へ移動する。ただ、難しいのはその間に相手のサイドバックがフリーになってしまうことだ。ウイングバックは相手のサイドバックを捨てて、まっすぐに自陣へ引いていく。シャドーは中央寄りを守っている。必然的に相手のサイドバックはフリーになる。フリーになる相手のサイドバックに対して、シャドーが対応するタイミングが重要だ。あまりに早くサイドバックへの守備に切り替えると、中央が空いてしまい相手のボランチなどがフリーになってしまう。そこへつながれるのは最も避けなければならない。

そこで、シャドーはある程度サイドバックをフリーにしても構わないから、まず中を固めて相手の攻撃を外側へ誘導し、サイドバックにボールが入った段階でサイドバックへの守備に切り替えていくケースが多い。サイドへ誘導すれば、相手の攻撃の方向は限定できるので守りやすくなる。

ただし、状況によっては早めに相手サイドバックへプレスすることもある。そのときには、チーム全体が連動してプレスを強めて、高い位置でのボール奪取を狙う。

攻守でフォーメーションが変化する広島で、最後にポジションを移動するのがシャドーである。シャドーのポジション移動が終わったときが、広島の守備ブロックが出来上がるタイミングといえる。逆に言えば、シャドーが高い位置で早めに守備を始めたときは、後方の選手はそれに連動して人とスペースを押さえる必要があり、つまりポジション移動もその時点までに終わっていなければならない。2シャドーは守備面でのスイッチであり、彼らがどう守るかでチーム全体の守り方が決まってくる。

1トップ佐藤寿人の威力

チーム戦術からは離れることになるが、2012年のMVPだった佐藤寿人の得点力は広島を語る上で欠かせないだろう。

小柄だが動きが速く、足でも頭でも正確なシュートを放つ。しかし、何と言っても佐藤の特徴はボールを受ける能力の高さであり、DFを出し抜くポジショニングだ。

「フィニッシュの前に勝負をつけておきたい」(佐藤寿人)

例えば、サイドからクロスが入ってくる。DFはもちろん佐藤を警戒しているのだが、ボールの到達点を見ると、なぜかそこにフリーの佐藤がいる……。最も警戒すべきFWが、なぜかゴール前でフリーになっているわけだ。サイドからのクロスは守備側にとって「ボールウォッチャー」になりやすい危険なパスだ。それにしても佐藤の動きは秀逸で、相手はわかっていてもやられてしまう。クロスが蹴られてボールが動いているとき、DFは佐藤から目を離さざるをえない。そのときに、佐藤はポジションを移動させてフリーになっている。

マークから逃れてフリーになること自体はそれほど難しくない。DFはどうしてもボールを見なければならないのだから、事前にボールと自分の両方を視野に収められない位置をとっておいて、ボールが動いている間に少し動くだけでもフリーになれるからだ。けれども、いくらフリーになってもそこへボールが来なければシュートは打てない。ここが佐藤の優れているところだ。自分がボールをもらいたい場所を味方に示しながら、相手の視野から消えている。

受けたい場所を味方にわからせるには、味方とアイコンタクトした瞬間には動き出していなければならない。ところが、動き出すタイミングが早いとDFにもわかってしまう。味方がアイコンタクトしてパスを出すまでには1、2秒の時間がかかるわけで、どんなにぎりぎりのタイミングで動いても、その間にDFにつかまる可能性がある。

佐藤が上手いのは、相手のセンターバック2人とは戦わないことだ。1人には動きを見られてしまっていても、もう1人からは消える。そして、佐藤を見失っているセンターバックの守備エリアで勝負する。

例えば、右からミキッチがクロスを上げるとして、ミキッチに近いセンターバックをA、遠いほうをBとする。ミキッチが顔を上げた瞬間に佐藤は動き出す。その動きを見て、ミキッチはパスを送る場所を決めてキックのモーションに入る。このとき、佐藤はBの守備エリアから動き出す。Bには佐藤の動きが見えている。ところが、ボールに近いAには見えていない。そこで、佐藤はBの守備エリアを出て、BとAの間へ走る。Aに近い位置が目標になる。距離はAに近いが、Aには佐藤の動きは見えていないのでマークできない。Bには見えているが距離が遠い。Bは佐藤を追跡できるけれども、そうすると自分の守備エリアを完全に空けてしまうことになる。もし、他の選手がそこへ走り込んできたらBには対処できない。また、佐藤はBの外側（ボールから遠いサイド）から動き出すことで、AとBの両者から見えていない場所からスタートすることもある。こうした佐藤の動き方を味方がよくわかっていて、佐藤も味方のキックのタイミングがわかっている。

この両者の相互理解が大きい。ミキッチがクロスを蹴る前に佐藤を見るが、そのときに佐藤の次の動きを予測できるのが効いている。ミキッチが佐藤を見てから、キックするまでには1、2秒の時間がかかる。その間に、佐藤はミキッチが確認した場所から他の場所へ移動しているのだが、ミキッチはその動きを予測できているのだ。反対に、ミキッチが中を確認できない状況でクロスを蹴っても、ちゃんと佐藤がボールの到達先に来ていることもある。こちらはミキッチの体勢から、どこへボールが飛ぶか予測できているからだ。もちろん合わないケースもあるが、佐藤を中心とした広島の攻撃はテレパシーのように意図が通じていることが多く、相手ゴール前でのアドバンテージになっている。

「いかに良いボールを引き出すかが自分の生命線。味方がいないとシュートすら打てないタイプなので、いかに自分のプレーを理解してもらうか、味方のプレーを理解するかは非常に大切」（佐藤寿人）

駆け引きとタイミングに優れた、ラストパスを受けるスペシャリストだ。受けの名手がいることで、出し手のレベルも上がったことは容易に想像できる。

ガラパゴスか最先端か

〝ミシャ〟・ペトロヴィッチは広島を退団して2012年に浦和レッズの監督に就任し、そこに広島式を移植した。2014年の夏に元バルセロナ監督のジョゼップ・グアルディオラがバイエルン・ミュンヘンの監督になったのは、ミシャのケースとよく似ている。

グアルディオラ監督はバイエルンにバルセロナ方式を移植した。ただし、バイエルンはグアルディオラが来た時点ですでにUEFAチャンピオンズリーグの王者であり、ブンデスリーガのチャンピオンだった。すべてのタイトルを勝ち取ったクラブが〝改革〟を行う必要があるのか、疑問を持つファンもいたことだろう。

ミシャが就任した浦和はチャンピオンチームではないがプライドは高い。広島でタイトルをとれなかった戦術が浦和で有効なのかどうか、やはり疑問を持つファンはいたと思う。

ミシャもグアルディオラも、結果を残すことが最善の回答である。置かれた立場が似ている2人なのだが、戦術的な考え方にも共通点がある。

2人とも攻撃を優先してゲームを組み立てている。まずボールを支配すること、そのためにいろいろな工夫を施している。そして、従来のポジションごとの役割を越境させて、新しい概念を植え付けている。グアルディオラはバイエルンの監督に就任するや、選手を複数のポジションで起用しはじめた。さらに従来とは違う役割も与えている。例えば、右サイドバックが指定席だったフィリップ・ラームをMFで起用し、さらに右サイドバックとMFを試合中に行き来する役割も創出した。ウイングの役割も果たすサイドバックは今日では当たり前になっているが、サイドバックとボランチ、サイドバックと攻撃的MFを行き来するのは珍しい。この変化はバルセロナでもやっていなかった。

グアルディオラに限らず、世界のサッカーがポジションを越境する流れになっているのは間違いない。GKがリベロに近づいたり、1トップに的確な守備対応が求められたりしている。その点で、時期的にいってもミシャのアイデアは世界の最先端だったといっていいと思う。Jリーグはもちろん、欧州トップレベルでもほとんど行われていないアイデアを実行していた。当初は、ただの珍しいガラパゴス戦法にも見えた。しかし、ミシャが広島でそれを始めてから相当の年月が経過して、もう珍しくもなくなっている。広島式のビルドアップに対抗するための前線からの守備など、対策を打つチームにも変化が求められ、実際に変化していった。

Jリーグの戦術は、大雑把にいえば欧州トップレベルの1~2年遅れだった。欧州のトップクラブが何かのイノベーションを起こすと、それを見て、理解して、消化するまでに、それなりの時間がかかるからだ。欧州サッカーを全く参考にせず、ただ現場の要請に応じて変化していった場合でも、不思議なことに1、2年のタイムラグが生じていた。

ところが、Jリーグが発足して21年を経過した今、タイムラグはどんどん短くなっていると感じる。欧州サッカーの後追いではなくなってきたのだ。少なくとも戦術的にはそうなってきた。おそらく、その要因の1つがミシャ・ペトロヴィッチの導入した新しいスタイルだったのではないか。欧州に先んじたアイデアがJリーグにもたらされたことで、時計の針は早められたのではないかという気がするのだ。

ガラパゴス的というなら、大木武監督の京都サンガはさらに珍しい。

ヴァンフォーレ甲府を率いているときに有名になった「クローズ」という特殊な戦術を用いている。簡単にいえば、フィールドの右か左のどちらか半分に、フィールドプレーヤー全員が収まってプレーする。ボールと逆サイド、フィールドの中央から半分は全く使わないという非常に珍しいスタイルなのだ。

京都の選手がフィールドの半分に集まって攻撃してくるので、相手チームもそれに対応してフィールドの半分に入ってしまう。狭いところに20人がひしめき合うような状態だ。まるで路地裏のサッカーである。

　通常、狭いスペースは守備側に有利に働く。守備側は、もともと相手を狭いスペースへ追い込みたいと思っている。京都が自ら狭く狭く攻撃してくれるのは、相手からすればありがたいはずだ。逆に、攻撃側は1人1人の持つスペースを大きくしたほうが普通は有利であり、展開が狭くなりすぎる前にサイドチェンジする。しかし、京都はいったん狭いところへボールを運んだが最後、まずサイドチェンジはしない。狭いままで攻めきってしまおうとする。サッカーのセオリーからは外れた攻撃をしているわけだ。

　対戦相手は狭いまま攻めてくる京都の攻撃を防いだら、陣形を広げて手薄なサイドをついていけばいい。守りやすいうえに、攻撃するためのスペースもたっぷり空いている。理屈のうえでは、こんなに簡単な相手はない。ところが、そうは簡単にはいかない。京都の攻撃を阻止することはできても、出られないのだ。狭い、閉ざされたフィールドから、広い場所へボールを移すことができない。

　あまりにも狭すぎるからだ。京都に合わせて、対戦相手も狭い場所に人数が入りすぎていて、そこは敵味方がひしめいている。ボールを奪うには適しているものの、今度は自分たちがボールを持ったときに即座にプレッシャーをかけられるので、思うようにパスをつなげない。まるで途中下車できない満員電車である。しばらくは、そのまま揺られ続けるしかなくなる。これが京都の狙いだろう。

京都の選手たちは、狭いスペースでの攻守に慣れている。狭いスペースでショートパスをつなぎ続ける技術を持ち、ボールを奪われても素早く切り替えて閉ざされた空間からボールを出さない守備ができる。狭いままの攻防が続けば、京都のほうが有利になるのだ。

いつか路地裏を抜け出せれば、そこはもうゴール前だ。路地裏を抜け出すのは大変だが、相手にはさらに難しい。ゲームを「クローズ」してしまえば、京都は相対的に勝ちに近づくと考えられる。

２０１３年の京都はＪ2を3位で終えたが、Ｊ１昇格プレーオフ決勝で徳島ヴォルティスに敗れて昇格はならなかった。前年の順位も3位、やはりプレーオフで敗れている。スタッツをみると、どちらのシーズンも攻撃回数は最多を記録。シュート数は12年が平均14・9本でリーグ7位、13年が14・5本とほぼ同じで11位、決してシュート数が多いわけではない。だが、得点は12年が61点の2位、13年は68点の4位と高い。隘路《あいろ》を抜けるのは大変だが、抜けてしまえば決定機という攻め方がよく表れているデータである。スローインとタックルの数は2年連続の1位で、ＣＫやドリブル、インターセプトの数もトップないしトップクラスである。これも片側での狭い展開が続いた結果と考えられる。

大木監督のサッカーとよく似ていたチームとして思い浮かぶのが、90年イタリアワールドカップのコロンビアだ。

ロングパスもサイドチェンジもなし、ひたすら足下へのショートパスを繰り返していた。ライオンのたてがみのような黄金のカーリーヘアーがトレードマークのプレーメーカー、カルロス・バルデラマを中心とした徹底的なショートパス戦法だった。バルデラマはインサイドキックだけでサッカーをやっているような選手だったが、正確無比なパスとボールタッチは路地裏サッカーの王様であり、彼を取り巻くフレディ・リンコンやレオネル・アルバレスも非常に高い技術の持ち主だった。ただ、狭い地域で曲芸的なショートパスをみせても、なかなかシュートまで至らないのはこのスタイルの難点である。しかし、ボールを失ったらそのまま狭さを生かして効果的なプレッシングを仕掛けていた。

90年ワールドカップの前年に、コロンビアの名門ナシオナル・メデリン（アトレティコ・ナシオナル）がリベルタドーレス杯を制している。トヨタカップをACミランと争ったメデリンはコロンビア代表と同種の戦術で、代表選手が何人も含まれていた。監督も代表と同じフランシスコ・マツラナだった。狭小路地裏サッカーは、コロンビア人が気ままにやった結果の偶然の産物ではなく、予め計画されたものだったに違いない。

90年ワールドカップのコロンビアはUAEに勝ち、ユーゴスラビアに負け、最終戦をこの大会で優勝することになる西ドイツと引き分けてグループリーグを突破する。決勝ラウンドでカメルーンに敗れたものの、テクニカルで美しいプレーは称賛を集めた。
コロンビアほど極端ではなかったが、ルイス・フィーゴ、マヌエル・ルイコスタ、ジョアン・ピント、パウロ・ソウザなどテクニシャンが揃っていた90年代後半のポルトガル代表も、ショートパスとドリブルを駆使して狭いところを突破していくスタイルで人気を集めた。ポルトガルもコロンビアも戦績はいまひとつだったが、個性的で魅力のあるプレーをしていたのは確かである。

2年連続で3位の京都はJ1昇格を惜しいところで逃した。J1昇格プレーオフ導入前のレギュレーションなら12年に昇格できていた。大木監督は退任し、おそらく独特の狭小サッカーは継承されないだろう。ガラパゴス的というなら、広島以上にそうだった。

Jリーグは、基本的に世界の潮流に忠実だった。ヨーロッパや南米に学び、外国の考え方や戦術を吸収してきた。それは日本にかぎらず、世界中どこでもそうだ。ただ、その中にも独創的なチームがいくつかあったし、これからもあるだろう。やがて世界のほうが後からついてくる現象も出てくるのではないか。しかし、世界の潮流とか追いつけ追い越せとか、そういう発想からオリジナリティはおそらく生まれない。ただそれをやろうと決めた人がいる、それだけなのだと思う。ガラパゴスか最先端か、そんなことはどうでもいいことなのだろう。

第2章
Ｊリーグ・スタンダード

主流は4－2－3－1

フォーメーションは目安にすぎない。サンフレッチェ広島や浦和レッズのように、攻守でフォーメーションが変わる例もあるし、そもそも選手のポジショニングは試合中常に変化しているものだ。キックオフ時のフォーメーションを維持したままのチームは「ない」といえる。とはいえ、フォーメーションはそれぞれのチームのサッカー観の表れの1つではある。

現在のJ1の主流フォーメーションは4－2－3－1だ。2013年のシーズンでは、開幕時で8チームが採用していた。4－2－3－1は4－4－2の「仲間」なので、両方を合わせるとその数は18チーム中12になる。

4バックではなく3バックを採用していたのはジュビロ磐田、大分トリニータ、湘南ベルマーレの3チーム。広島と浦和も3バックだが、攻撃時には4バックに変化するので純粋な3バックのチームに数えないとすると、3バックは3チームということになる。

4バックではあるけれども、4－2－3－1とは系統の違う4－3－3を採用していたのが清水エスパルスだ。4－3－3（4－1－2－3）は4－2－3－1と形の上ではよく似ているのだが、戦術的には別の系統である。清水はJリーグが開幕した1993年のときも4－3－3だった。このフォーメーションには馴染みがあるのかもしれない。

ドラガン・ストイコビッチ監督の名古屋グランパスは4－1－2－3を使うときもあり、他のクラブも1つだけのフォーメーションでシーズンを戦うわけではないが、大雑把に括ればやはり主流は4－2－3－1だ。J2に関しては3バックの割合が多くなるが。

主流フォーメーションが4－2－3－1というのはJリーグに限ったことではなく、世界的な傾向だ。

Jリーグが始まった93年は、ワールドカップアメリカ大会の前年にあたる。当時の世界チャンピオンは90年イタリアワールドカップで優勝したドイツで、フォーメーションは3－5－2だった。92年のユーロに優勝したデンマークも3－5－2、そして94年ワールドカップ優勝のブラジルは4－4－2と3－5－2を相手によって使い分ける可変型のフォーメーションを使っていた。3バックのチームは現在よりずっと多かった。当時は2トップが全盛だったので、3バックのほうが対応しやすかったという理由がある。しかし、90年代半ばからは4バックのチームが増え始め、21世紀に入ると4－2－3－1が主流を占めるようになった。Jリーグもそうした世界的な流れに歩調を合わせるように変化している。

4－2－3－1を4－4－2の「仲間」と書いたが、それは2つのフォーメーションの守備組織の作り方が基本的に同じだからだ。4バックと、その前の4人の計8人がゾーンの網を張って守る。8人の前に位置するのは1トップとトップ下の2人で、この2人が相手DFのパス回しに対しての最初の追い込みを行う。この形が4－4－2と同じなのだ。ボールがサイドに出たら、2トップの1人ないしはトップ下が相手のボランチを押さえに動くのも同じである。

一方、4－3－3（4－1－2－3）の守備組織としては、左右のウイングは相手サイドバックを見る必要があるため、相手センターバックをケアする最前線には1トップしかいない。1トップに加勢するのは中央左右のMFになり、1トップ＋誰かという前線になる。守備ブロックの人数は4バック＋5人の最大9人だが、最少は4バック＋1ボランチ。守備のやり方が4－4－2型とは少し違っている。

攻撃も微妙に違っていて、4－2－3－1の「3」の両サイドはパサーのタイプが多いが、4－3－3のサイドはウイングプレーヤーを置く傾向がある。このあたりは手持ちの選手の個性と監督のアイデア次第なので、4－2－3－1でも両サイドにウイングプレーヤーを使うこともあるし、逆に4－1－2－3のサイドがパサーということもある。ただ、サイドプレーヤーがMFかFWなのかという発生の経緯の違いがある。

90年代は3バックの3－5－2か、ゾーンの4バックを基調とした4－4－2が二大勢力だった。やがてリベロを置いた3バックは少なくなり、ゾーンの4バックが主流になっていくと同時に、4－4－2をベースにした1トップへ移行していった。個々にはさまざまなケースがあるのだが、大雑把に流れをまとめるとこういうことになる。Jリーグはプロリーグとしては欧州や南米に比べれば後発ではあるが、90年代のフォーメーションの変化については世界的な傾向と同じであり、現状で4－2－3－1が多いのは不思議ではない。

横浜F・マリノスの4－2－3－1

4－2－3－1を使うチームの中でも、2013年度の天皇杯優勝チーム、横浜F・マリノスはこの形の典型といっていいかもしれない。

前年までの基本フォーメーションは4－4－2だった。4－4－2をベースにして、4－2－3－1に移行した経緯からも、このフォーメーションの特徴がよく表れているチームだと思う。

横浜FMの4バックは右が小林祐三、左にドゥトラ、センターの2枚は中澤佑二と栗原勇蔵である。右に右利きの小林、左に左利きのドゥトラのサイドバックを配置し、ともにスピードと運動量に優れている。中央の中澤&栗原はJリーグ屈指のコンビだ。ともに空中戦の強さは抜群で、ポジショニング、駆け引き、読みなど、センターバックに要求される能力を高いレベルで備えている。難を言えばややスピードに欠けているが、安定感はそれを補って余りある。

4バックの前のスペースには中町公祐と富澤清太郎の2ボランチが入る。中町は攻撃の起点となるプレーメーカータイプの技巧派で、日本には多いタイプのボランチだ。守備もしっかりこなせるし、大きな体格でないわりには空中戦も意外と強い。一方の富澤はもともとセンターバックでハードな守備を得意とし、ビルドアップは中町ほど上手くはないが無難にこなす力はある。

4－2－3－1のボランチにはいくつかの組み合わせがあって、例えば中町タイプを2人組ませることも、富澤タイプを2枚並べることもできるが、プレーメーカーとハードワーカーの組み合わせは最も一般的であり、無難な組み合わせだろう。2006年ドイツワールドカップで優勝したイタリアはプレーメーカーのアンドレア・ピルロとファイターのジェンナーロ・ガットゥーゾのコンビが効果的だった。個性の違う2人が補完関係である一方で、ピルロがガットゥーゾ的な仕事をこなせるようになったり、ガットゥーゾの配球が良くなるといった、パートナーの長所を吸収する現象が起こっていたのは興味深い。

2列目の3人は、右サイドが兵藤慎剛。非常に気の利いたMFで、攻守にさまざまな仕事をこなせる器用な選手だ。パスの出し手にもなれるし、受け手にもなれる。守備力も高く得点感覚もある。横浜FMの中でも最も多才な選手だろう。反対の左サイドはウイングタイプの齋藤学。このチームでは唯一、ドリブルで仕掛ける推進力の強い選手だ。右利きなのでカットインしてのシュートやパスに特徴があるが、パスワークの中で生きる兵藤とは違って、個の力で打開していける。4－2－3－1のサイドは、兵藤タイプを2人使う場合もあれば、齋藤タイプが2人もありうる。ただ、元が4－4－2という守備のファンクションからすると、齋藤タイプを両サイドには置きにくい。横浜FMの兵藤、齋藤の両サイドはボランチの中町、富澤と同じくバランス重視といえる。

そしてトップ下が中村俊輔。4－4－2のときは右サイドでプレーすることが多かったが、4－2－3－1ではトップ下に定着した。中村の能力については今さら説明するまでもないだろう。世界的にみてもファン・ロマン・リケルメやメスト・エジルに劣らない技術と戦術眼を持っている〝マエストロ〟だ。セットプレーの威力も相変わらず。中村をトップ下で固定できるようになったことが横浜FMの躍進につながった。

中村のトップ下が確定したのは、他の選手との兼ね合いもあるとはいえ、運動量が上がって守備面での貢献度がはっきりしたことが挙げられる。

長い距離を走って相手ボールにプレッシャーをかけ、味方が上がった後の穴を的確に埋めるなど、守備面でも重要な役割を果たせることがわかった。8人の守備ブロックが定番化している現在、守備の焦点はむしろ8人の前方に位置する1トップとトップ下に変わっている。この2人の守備力が他チームとの違いを作り出す。その点、35歳ながら中村の運動量と的確な守備力は大きな武器になっていた。ここまでコンディションの良い中村は、セルティックから移籍してきて以来初めてであり、樋口靖洋監督も「まさか、ここまでやるとは予想していなかった」と話していた。もともと攻撃面ではトップ下がハマる選手だったが、守備面でも効果的だとわかったので樋口監督はトップ下起用に踏み切っている。

1トップのマルキーニョスも運動量は十分、もともと精力的に動くタイプのストライカーである。ボールを収める力と決定力も相変わらずで、絶対的なエースとなっていた。

さて、横浜FMを4－2－3－1の典型と書いたのは、わりと似た構成のチームがJリーグに多いからだ。後方からビルドアップするためには、ボランチの1人はパスの受け渡しに秀でた人材が必要で、守備のバランスを考えてもう1人は守備力の高い選手と組ませる。そして、相手の守備ブロックを崩すにはDFとMFの「間」、「ゾーンの隙間」でパスを受けられる選手が必要なので、2列目のどちらかには兵藤のようなタイプが起用される。兵藤タイプを両サイドに置くことも考えられるが、ドリブラーなど突破型を逆サイドに置けば攻撃の変化をつけやすい。

トップ下に中村のような選手を起用するチームは少なく、むしろセカンドストライカーのほうが多いかもしれない。攻撃の全権を握るほど影響力の大きい選手は、むしろトップ下に使われなくなっている。守備面でのリスクがあったり、1人への依存度が高すぎる危険を考慮してそうなっているのだが、中村ほどの力量があれば話は違ってくるわけだ。まして守備の戦力として計算できるなら使わない理由がない。

横浜FMの4－2－3－1は選手の個性がばらけていて、ボランチから前に関しては特徴がまったく重なっていない。非常にバランスが良く、日本の監督に4－2－3－1で自由に選手を使わせたら、だいたい横浜FMのような人選になりそうな気がする。実はフィールドプレーヤーにどういう特徴を持った選手を使うかという点では、4－2－3－1も4－4－2も4－3－3もあまり差がない。起用するポジションは違うにしても、必要なタイプはおよそ決まっているからだ。

中盤から前に関しては、しっかり守れるMFが1人、ゲームを作れるタイプが2人、突破型のサイドアタッカー1人、セカンドストライカー1人、ストライカー1人である。

例えば、バルセロナは4－3－3だが、守備的MF（ブスケツ）、プレーメーカー（チャビ、イニエスタ）、サイドアタッカー（ネイマール）、セカンドストライカー（サンチェス）、ストライカー（メッシ）。横浜FMは守備的MF（富澤）、プレーメーカー（中町、中村）、サイドアタッカー（齋藤）、セカンドストライカー（兵藤）、ストライカー（マルキーニョス）となっていて、フォーメーションやポジションは違っていても選手の構成はほぼ同じなのだ。

もちろん選手の能力が起用の決め手になるので、両サイドに突破型を置いたり、プレーメーカータイプばかりが並んだり、それぞれのチーム事情があるわけだが、横浜FMは人材のバランスに恵まれたといえるかもしれない。強烈な強さは感じないのだが、試合運びが上手い。ベテランの多さが良い面で発揮されているのは確かだが、チーム構成のバランスの良さも大きい。

2013年の横浜FMは4－2－3－1というJリーグ標準型のフォーメーションを最も高い水準で活用したチームだった。リーグ戦は最後の最後で広島に逆転を許したものの、シーズンを通して安定感のあるプレーぶりだった。試合を読む能力の高いベテランの多さが、良い影響を与えたに違いない。

サッカーはゲームである。プレーが上手くても、ゲームが下手では勝てない。逆に、多少技術に難があったりフィジカル能力で劣っていても、ゲーム運びの上手さがあれば優位に立つこともできる。

Jリーグとヨーロッパや南米のクラブを比較すると、ゲーム感覚の差が一番大きかったと思う。Jリーグ開幕当時は技術や体力にもそれなりの差があったが、そちらは徐々に詰まってきている。近年では、毎年のようにヨーロッパのリーグへ日本人選手が移籍しているし、移籍先で活躍している例も少なくない。個人ではすでにヨーロッパとの差はなくなっている。ただし、チーム単位となるとまだ若干の差を認めざるをえない。

サッカーは1ゴールで1得点しか入らないので、いっぺんに逆転することはできず、0対0

のまま終わるか、どこかで1対0の局面に移行する。1対0からは、アドバンテージを持った立場とビハインドの立場のゲームに移行するわけだ。当たり前すぎる話なのだが、日本の選手は意外とここの意識が希薄なのだ。

ある外国人のコーチが日本の高校生を指導していたときのこと、紅白戦をやっている高校生にスコアを聞くと答えられない選手がいたそうだ。いま、何対何なのか知らないままプレーしている。外国人コーチには、少なからずショックだったという。0対0、1対0、2対0では、それぞれゲームのやり方が違ってくるはずだからである。スコアに関係なく、同じようにプレーするだけではゲームではない、エクササイズだというわけだ。ボールリフティングの上手さがサッカーの上手さとあまり関係がないように、プレーの上手さがゲームの強さにつながるとは限らない。技術や体力や戦術は、ゲームの流れに応じて正しく使わなくてはいけない。その感覚が、日本人には希薄なのではないかという話だった。

現在でもそこはまだ弱い部分だと思うが、それでもJリーグ開幕のころに比べるとかなり進歩しているのは間違いない。13年に優勝を争った横浜FMと広島は、ともにゲーム運びの上手いチームだった。両者が天皇杯決勝で対戦したのはおそらく偶然ではない。

横浜FMの樋口監督の理想は「攻撃はアーセナル、守備はリバプール」だそうだ。攻撃はパスを回して緩急自在、守備はアグレッシブにということらしい。「攻撃はバルセロナ」と言わないところが樋口監督らしいところだ。「バルセロナは鑑賞するにはいいけれども」ということらしい。バルセロナは攻撃力を武器に戦術を組み立てていて、一方的なボール支配が戦術の前提になっている。つまり、有無を言わさず強引に自分たちの勝ちパターンに持っていくやり方であって、もし「攻撃はバルセロナ」だったら「守備もバルセロナ」にならざるをえないのだが、樋口監督の率いる横浜FMはそういうチームではなかった。相手の出方や試合の流れに応じて、自分たちのプレーを賢く選択するタイプだった。その中で、守備の場合でも極力自分たちで主導権を握りたい、どこかでプレッシャーをかけて相手を苦しい状況に追い込み、奪いどころを作りたい。だから「守備はリバプール」なのだ。

もちろん、横浜FMも一方的に大差をつけて勝てればそれはそれでいいわけだが、1点差の局面を大事に扱えるところに彼らの強さがあったと思う。こうした勝負強さを持つチームとしては鹿島アントラーズが思い浮かぶ。ただ、鹿島が強かった時期に同じような勝負強さを発揮する対抗勢力はいなかった。2013年には、試合の流れに応じて試合運びを極端に変える広島がいて、ネルシーニョ監督下の柏レイソルも近年は鹿島と似た臭いがしてきている。試合運びの上手なチームは増加していて、そこにもJリーグの進歩が感じられる。

ソリッドな4－2－3－1

同じ4－2－3－1のフォーメーションでも、選手の特徴によって機能性は違ってくる。横浜F・マリノスが攻守のバランスがとれた標準型とすれば、大宮アルディージャ、アルビレックス新潟、ベガルタ仙台は堅守速攻型だ。

大宮は2012年からの連続無敗21試合のJ1記録を2013年に達成している。前半戦は首位争いをしていたが、折り返しをすぎてから急に失速してズデンコ・ベルデニック監督の解任に至った。記録達成の中心人物ともいえるベルデニックの解任には驚かされたが、前半戦に堅実そのものだった大宮が大崩れしたのはさらに意外だった。とはいえ、無敗街道を走っているときの大宮の堅実さはJリーグの成熟を表していたと思う。

1993年にJリーグが開幕するころ、日本のサッカーに影響力を持っていたのがブラジルだった。すでに多くのブラジル人選手がプレーしていて、ブラジル人の監督もいた。J開幕前のトップランナーだった読売クラブ（東京ヴェルディの前身）と日産自動車（横浜F・マリノスの前身）は、ともにブラジルの影響が強かった。一方で、ヨーロッパに学ぶクラブもあった。サンフレッチェ広島は前身のマツダ時代にハンス・オフトやビル・フォルケスを招聘するなど、日本リーグのときからすでにヨーロッパ路線だった。長年、日産を率いた加茂周監督が指揮を執った横浜フリューゲルスの「ゾーンプレス」も話題になっている。FKの名手であるブラジル人のエドゥーやアルゼンチン人のモネールがいたので南米的な印象だが、戦術はヨーロッパの影響が強かった。ちなみに、このときプレッシング理論を伝えるためにコーチを務めていたのがズデンコ・ベルデニックである。

日本の戦術史をさかのぼれば、チョウ・デインやデットマール・クラマー、さらに欧州の戦術本を翻訳して学んだ大学サッカー界の存在など、南米よりもヨーロッパの影響が強い。ただ、Jリーグ開幕前夜は南米流のほうが優勢になっていた。その中で、94年のファーストステージに優勝した広島のプレースタイルは、今振り返ってみれば先駆的だったように思える。スチュワート・バクスター監督が指揮した広島は4－4－2の英国式だったのだが、統制のとれたゾーンディフェンスは当時のJリーグで異彩を放っていた。非常にソリッドな印象で、その点では大宮や仙台の源流といえるだろう。

ゾーンディフェンス、4－4－2、プレッシングは、90年代において、ヨーロッパや南米を中心に世界的なキーワードだった。

ゾーンディフェンスは以前から知られていて、日本でもセレッソ大阪の前身であるヤンマーでは70年代に導入されていた。釜本邦茂がエースだったヤンマーにはネルソン吉村（吉村大志郎）、ジョージ小林といったブラジル人プレーヤーがいて、ブラジルのサッカーに馴染みがあった。日本では最も早くゾーンを採用したチームだと思う。

Ｊリーグ開幕の時期に強かった読売クラブもブラジルの影響からゾーンディフェンスを採用していた。ただし、読売の左サイドバックだった都並敏史は当時を振り返って、「よくわかってなかったですね。ゾーンというより受け渡しするマンツーマンだった」と話している。その後、90年代に広まったのは中盤に４人、ディフェンスライン４人による２つのラインを連動させたゾーンディフェンスで、以前のゾーンとは比較にならないぐらい規則性が高い。ボールへのアプローチとそのカバーリングポジション、それに伴う他のポジションの移動、ディフェンスラインの押し上げが連動したものだった。

プレッシングは74年西ドイツワールドカップでオランダが披露して有名になったが、当時の日本ではあまり理解されていなかったのが実情だ。オランダの守備はリベロを置いたマンツーマンディフェンスなのだが、試合の中で何度かプレッシングを行った。マークを受け渡しながらボール周辺の圧力を強め、それに伴ってディフェンスラインを押し上げる、というよりほぼ消滅させる形でボールのあるエリアへ人数を投入していた。ただ、それをどういうタイミングで、どのような手順で行うかはよくわかっていなかった。結局のところ、ヨーロッパでもオランダ型のプレッシングはあまり普及しなかった。

80年代の後半、イタリアのＡＣミランでアリゴ・サッキ監督の下で行われたプレッシングこそ、現在の守備戦術の原型といっていいだろう。サッキ監督はオランダのプレッシングを規則的なゾーンディフェンスと組み合わせることで、より効率よく行えるように工夫した。90分間でのプレッシングの頻度がＦＫなみの回数にすぎなかったオランダと違って、ほぼ1試合中作動するような仕組みを作ったのだ。

ミランの守備戦術の元はオランダよりもイングランドの影響が直接的だったと考えられる。70年代後半からチャンピオンズカップのタイトルを独占したリバプールを中心としたイングランド勢の4－4－2のほうが類似点が多いからだ。アイデアはオランダの焼き直しなのだが、それをイングランド式のゾーンと4－4－2という違う容れ物に入れて洗練させた形で復活させる作業だった。

加茂監督がフリューゲルスに導入したのは、このミラン型のプレッシングである。当時、ヨーロッパでは〝ミラノ詣で〟がコーチの間で流行していた。ミランの練習場ミラネッロへ通って、プレッシングのトレーニング方法を探ろうとする人々がたくさんいたのだ。練習を撮影したビデオもコーチたちの間で人から人へ手渡された。ミランの守備戦術は従来のマンマーク守備の概念を一変させるもので効果も絶大だったから、誰もがその秘密を知りたがったのだ。加茂監督はテレビの映像から見よう見まねで始め、ベルデニックを招聘してまで最先端の戦術にこだわった。個々の技量ではヴェルディ川崎や横浜マリノスに対抗できないと考えたからだ。

Jリーグ開幕にあたって、まだ日本では浸透していない守備戦術を武器にしようとしたわけだ。同じころ、広島はバクスター監督がミラン型プレッシングの元になったイングランド式の4－4－2を導入していた。4人×2ラインの守備ブロックの作り方については、当時、日本で唯一正確な知識を持っていた監督だったと思う。

バクスター監督の広島は、整然とした守り方で他チームと一線を画していた。マンツーマンでマークして1人余る守り方が浸透していた日本で、ゾーンを押さえたうえで緻密なカバーリングによる穴を開けない守り方は当時は異質にみえたものだ。広島は94年のファーストステージで優勝する。高木琢也とイヴァン・ハシェックの2トップ、風間八宏、森保一の2ボランチの活躍もあったが、堅固な守備ブロックをベースにした組織的な攻守が際立っていた。守備同様に攻撃のルートもパターン化されていて、トップに当てて落としたボールをサイドへ持っていき、空中戦に強い高木とハシェックが狙うバリエーションをいくつか用意していた。個の能力に依存しないチームとしては、最初の成功例といえるかもしれない。

95年にはアーセン・ベンゲルが名古屋グランパスエイトの監督に就任、4－4－2の組織的な守備を導入している。ドラガン・ストイコビッチを再生させた手腕もさることながら、ミラン型のゾーンとプレッシングの組み合わせで組織的な守備を構築した。組織的な守備は戦術理解と規律、スタミナが要求されるが、守備戦術自体は高度なボールテクニックやセンスを必要としていないので模倣しやすく、上手く導入できれば効果も期待できた。ミラン自体はマルコ・ファンバステンやルート・フリット、フランク・ライカールト、フランコ・バレージ、パオロ・マルディーニ、ロベルト・ドナドーニといったトップクラスの選手が揃っていたが、守備戦術はそこまで逸材がいなくても実現可能というところが世界的流行の大きな要因だろう。

80～90年代のヨーロッパサッカーは、ゾーンディフェンスとプレッシングの普及によって、ボールプレーヤーが二重の意味で居場所をなくしている。守備ができないという理由でポジションを外されたのと、プレーするスペースと時間も限られていったので活躍の場も減少したからだ。天才的なボールプレーヤーの減少、ハードワーカーの増加、プレッシング同士のつぶし合いによって、エンタテインメントという意味では暗黒時代を迎えることになる。

Jリーグは、だいたいその時期に開幕を迎えていた。戦術の普及度という意味では、ヨーロッパから3、4年の遅れという感じだろうか。94年に日本代表監督に就任したブラジル人のパウロ・ロベルト・ファルカンは任期6カ月の短命だったが、当時導入しようとしていたのは4－4－2をベースにしたゾーンとプレッシングだった。キャプテンだった柱谷哲二は「非常に良いサッカーだった」という。ちょうど現在の大宮や新潟のようなソリッドな戦術で、この時期のヨーロッパで急速に普及していたやり方であり、まさにこのタイミングで広島のバクスター監督が具現化したサッカーだったのだが、

「当時の選手で実現するのは難しかった」（柱谷哲二）

日本ではまだ浸透しておらず、短い活動期間でモノにするのは難しかったのだ。現在ではヨーロッパのトップクラスと比べても戦術自体にそこまでの時間差はなくなっているが、当時はヨーロッパの最先端の戦術を持ってきてもすぐに使えるレベルではなかった。

ゾーンと4－4－2はその後Jリーグでも普及し、現在では中学生や高校生のチームでも普通にやっている。Jリーグに関していえば、この種の戦術がそれ自体武器になるような時期はとっくに終わっていて、むしろ降格争いに巻き込まれる下位チームにとって必須になる組織守備の1つという感じになっている。ただ、13年が2ステージ制だったとしたら、前半の優勝は大宮で後半は新潟だった。戦術的な役割を終えたわけでもなければ古くもない、Jリーグの標準となっている。

進化する攻防

8人のブロック守備は、いまや標準装備になった。それをどう崩すかが当然次の課題になり、そこに一定の力を持ったチームが現れれば、次はその攻撃をどう防ぐかという守備の課題が浮上する。ゾーンディフェンスやプレッシングの導入という点では、ヨーロッパから3年ほど遅れていたJリーグだが、20年を経過する間にタイムラグはほとんどなくなっている。1年あるかないかだろう。

ヨーロッパでは8人のブロックだけではなく、前線に残る2人の守備で相手のビルドアップを制限しようという考え方がはっきり出てきた。Jリーグもほぼ同じタイミングでそこが焦点になっている。規律のある日本選手には比較的採り入れやすいこともあったかもしれない。

ビルドアップと起点つぶしの攻防は熾烈になってきている。

ミハイロ・ペトロヴィッチ監督が指揮を執る浦和レッズは、攻守でフォーメーションが変化する戦術で知られている。後方と前方が5人ずつに分かれ、それぞれに数的優位を持つ。空洞化させた中盤に相手のボランチの後方から前線の選手が下りてきてクサビを入れる、ゾーンの隙間をつくといった独特の攻め方をする。

しかし、サンフレッチェ広島時代を合わせると、この特殊な戦法もすっかり対戦相手に知られていて、さまざまな対策がとられるようになってきた。2013年の第7節では、大宮アルディージャが1つの対策を示した。

ポジションを大きく動かしてくる浦和に対して、いかにマークのズレを作らないかが守備のポイントになる。大宮は規律の高いゾーンディフェンスが特徴だが、この試合ではマンマークに近い対応をした。ボランチの金澤慎と青木拓矢が、浦和の2シャドー（柏木陽介、マルシオ・リシャルデス）をマンツーマンでマーク、浦和の後方のトライアングル（阿部勇樹、那須大亮、鈴木啓太）は2トップで守る形である。

浦和型の戦術に対しても、マンマークなら基本的にズレは起こらない。ただ、大宮の守備は完全なマンマーク方式ではなく、彼らのベースであるゾーンと上手くミックスさせていた。

浦和が深い位置でビルドアップを開始しているときは、阿部、那須、鈴木にプレスをかけている。つまり、浦和の2シャドーをマークしている金澤、青木のどちらかが鈴木をマークしに前へ出ているのだ。

しかし、そうなると大宮のディフェンスラインは数的同数になってしまう。そこで、大宮はボールと反対サイドのサイドバックが中央へ絞って中央での数的優位を作っていた。逆サイドはフリーになってしまうが、そこへボールが出てもスライドすれば守備を整える時間は作れる。危険な地域から抑えるのはゾーンの基本的な守り方でもある。

大宮は浦和のビルドアップを制御し、1対0で勝利した。ただし、守備戦術がよくても肝心の1対1に負けていたら大宮の勝利はなかったはずだ。浦和型の攻撃に対して、マンマーク方式が有効なのは以前にも何度か証明されていたが、1対1で負けないことが前提なのはいうまでもない。前述したように、浦和の後方のトライアングルがパスを回し始めたときは、2トップにボランチ1人が加勢して3対3にしていた。もう1人のボランチは柏木かマルシオをマークしている。つまり、浦和の2シャドーが前線に張りついていれば、大宮の中盤には人がいない状態になる。人がいないでスペースだけがあるのだから、3対3の状態を浦和に破られるとフリーになった浦和の選手に無人地帯を通過されてしまう。だから1対1で負けないことが前提だった。

大宮に上手く守られた浦和も、ロングボールに逃げずにGKを使ってビルドアップしていたのは意地を感じた。GKはフリーなのだから、ここを起点にビルドアップができれば大宮の制御策は機能しなかっただろう。ただ、浦和の最後方でのビルドアップにそこまでの練度はなかった。

ハーフウェイラインを挟んでのビルドアップと、それを阻止しようとする前線の守備が現在の攻防の焦点になっているが、次の段階がGKを使ったビルドアップを巡る攻防になるのは明らかだ。

GKを使ったビルドアップはすでにバルセロナなど、いくつかのチームが定番化させているし、Jリーグでも西川周作を擁する広島はGKを使ったビルドアップで頭一つ抜け出た存在といえる。足技に長けたGKの必要性は飛躍的に増しており、オールラウンド化の流れは最後の専門職にまで及ぼうとしているわけだ。浦和は柏木、槙野智章、森脇良太と広島の主力を補強してきたが、14年はGK西川を獲得した。

両足で長短のパスを正確に蹴り、どこへフィードすべきかを瞬時に判断する目を持ち、難しいボールもさばけるコントロール、必要であればドリブルで相手をかわすスキルを有する、従来の守備能力に加えて攻撃力を兼ね備えたGKは、近い将来当たり前の存在になっていくのだろう。

とはいえ、スペシャリストはいつの時代にも決定的な存在に変わりない。

例えば、同じキックでもパスとシュートには違いがある。パスの上手い選手でもシュートが上手いとは限らず、逆もまた同じである。まずは、そのポジションでのスペシャリストであることが求められる。ただ、それにプラスされる仕事の量と質が変化しているわけだ。かつては守備ができなくても、高い決定力を誇るストライカーならお釣りがきた。ところが、現在はそれではプラスどころかマイナスになってしまう状況になっている。

守備ができないという理由で本物のストライカーがオミットされてしまうなら、サッカーの魅力は減退へ向かうような気もするので悩ましいところだが、分業化はすでに限界なのでスペシャリストたちには〝本業〟以外の仕事にも頑張ってもらうほかない。

1トップが2人のセンターバックに対して守備をする場合でも、ただ前に立っていればいいというわけにはいかなくなった。後方からのビルドアップを自由にやらせてしまえば、せっかく築いた守備ブロックも自由にゾーンの隙間へつながれて崩されてしまう。ビルドアップの進化、ブロック崩しの進化によって、前線の守備力が求められるようになっている。この流れは後戻りしないので、ストライカーをいかに守らせるかは各チームの監督にとって喫緊の課題といえるだろう。このあたりは戦術というよりも、いかに選手のマインドを変えられるかの問題だ。いつの時代でも、優れた監督がエースと衝突を繰り返してきたのは、やはりそういうことなのだろう。

第３章
鹿島アントラーズの伝統

れた。

1対0で始めるチーム

「そう言われると、確かにそうですね」

サッカー専門新聞エルゴラッソで鹿島アントラーズを担当している田中滋さんが同意してくれた。

「鹿島は1対0で試合を始めているように感じる」

田中さんに話した、鹿島に関する僕の印象だ。リードしているチームは必要以上にリスクを冒さない。相手は点をとりにくる、しっかり守ってカウンターを仕掛ければ追加点のチャンスなのだから慌てる必要はない。そのまま1対0でもいいし、2点目がとれればなおいい。もし1対1になっても負けているわけではない。リードすれば、そういう余裕はどのチームにも表れる。ところが、鹿島アントラーズは試合が始まってまだ0対0の状態なのに、なぜかもう1対0でリードしているようにプレーする。

「日本のチームは2対0が一番危ない」

これは清水エスパルスの監督だったセルビア人、ズドラヴゴ・ゼムノビッチさんの意見である。ヨーロッパのチームなら2対0のリードは安全圏だ。ところが、Jリーグでは2対0から2対1に差が詰まった段階でパニックになりやすいのだという。2対0がひっくり返されるゲームすらあり、テレビの解説者が「2点リードは安心できません」と繰り返すのは実感としてそうだからだろう。イタリアあたりなら、2対0は「試合終了」とほぼ同義かもしれないのに。

よほど偶然が重なっての2対0リードなら話は別だが、2対0でリードできるほど力のあるチームなら、そこから差を詰められたり逆転される心配よりも、3点目を奪ってリードを広げる可能性のほうが高いと考えるのが普通だろう。Jリーグで2対0が危険なのは、2点差でリラックスしすぎてしまうというよりも相手が諦めないことが大きいように思う。

日本のチームは最後まで諦めずにプレーしようとする。同点ないし逆転が可能かどうかではなく、最後まで勝負を捨てずに戦うのが美徳とされているからだ。諦めたり投げ出したりするのは、恥ずかしい行為とされている。

2点差でリードされているチームは、3点差になっても負けは変わらないのだから捨て身で攻撃してくる。リスクを負ってガンガン攻める。リードしている側からすれば、2対0までとは相手の様子が違うので戸惑う。そこで1点差になろうものなら、さらに相手は勢いを増し、まだ1点リードしているにもかかわらず勝っているほうが精神的に追い込まれてしまう。「2対0危険説」には、こうした日本的な心理メカニズムが関係しているのではないだろうか。

鹿島アントラーズは、その点で超然としたクラブという印象がある。Jリーグ特有とまではいわなくても、内包しているナイーブさを鹿島には感じないのだ。むしろ鹿島の印象といえば勝負強さであり、リアリズム、試合巧者というイメージである。好調時に素晴らしいプレーをするチームは多いが、調子が悪くてもそれなりの結果を叩き出すチームはそんなに多くない。鹿島はその少数派の筆頭だろう。そして、そのイメージを維持し続けている点で希有な存在だ。

Jリーグ最多優勝クラブ、鹿島は独特のメンタリティを持っているようにみえる。いい意味で日本のクラブらしくない。それはこのクラブがジーコとともにスタートし、それ以降もブラジル人選手と監督を中心にしてきたことと無関係ではないだろう。日本にあるブラジルのクラブという趣さえある。

ブラジルのサッカー

カシマスタジアムのすぐ外には「ジーコ像」が建っている。クラブの歴史が100年を超えるヨーロッパや南米のクラブには、自分たちの英雄を銅像として残しているところも多い。マンチェスター・ユナイテッドにはマット・バスビー、トリニティ（ジョージ・ベスト、デニス・ロー、ボビー・チャールトン）の銅像に加え、退任したばかりのアレックス・ファーガソンの銅像もある。リバプールにもビル・シャンクリー像があるし、ベンフィカのスタジアムにはエウゼビオ像、もっと小規模のクラブでも自分たちのアイコンを銅像としているケースがある。

ただ、クラブ創立から数年で銅像を持つクラブは珍しいのではないか。鹿島は彼らのアイコンを獲得できた幸運なクラブだといえる。

前身の住友金属がJリーグ参入を申し入れたとき、当時の川淵三郎チェアマンから「可能性は99パーセントない」と言われたのは有名な話だ。1パーセントの大逆転は、スタジアム建設や地元との連係などクラブ関係者の努力の賜だった。しかし、決定的だったのはジーコとの契約である。

引退してブラジルでスポーツ大臣を務めていたジーコの獲得は、たんなるスター選手入団の範疇を超えた大きなプロジェクトとなった。ジーコはクラブハウスの設計や芝生の長さにまで関与し、ゼロから鹿島を作り上げていく基準になっていく。手探り状態でプロ化をスタートさせたクラブが多い中、明確なビジョンを持つガイド役としてジーコが果たした役割は大きかった。

鹿島の母体は2部リーグに所属していた住友金属サッカー部だが、Jリーグ参入にあたって1部の強豪だった本田技研から主力選手を吸収してメンバー編成を行った。監督も本田を率いていた宮本征勝、コーチの関塚隆も本田から鹿島へ加入している。余談だが、当時の本田がそのままJリーグに参入していたらかなりの強豪チームになっていたかもしれない。鹿島に加入した黒崎久志（比差支）、長谷川祥之、本田泰人、内藤就行らのほかにも、ヴェルディ川崎へ移籍した北澤豪、石川康がいた。

ただ、Jリーグ開幕直前のヨーロッパ遠征でクロアチアに大敗した後の鹿島は、選手だったジーコが戦術的な指示を行い、チームの方向性を決める監督としての役割も果たすようになった。開幕戦で名古屋グランパスエイトを5対0で撃破すると、勢いに乗ってファーストステージ優勝を成し遂げた。

93年開幕時の優勝候補はヴェルディ川崎であり、対抗は横浜マリノス。ノーマークの鹿島が優勝したのはサプライズだった。奇跡といわれた優勝の瞬間、ジーコはクラブのレジェンドとなり、その後の方向性も決まった。

ジーコはブラジルサッカー界の英雄であり、彼が鹿島に導入したのはブラジルの考え方である。ただ、ブラジルというとセレソン（ブラジル代表）のイメージが強いが、ブラジルのサッカーはセレソンとイコールではない。

例えば、2012年のクラブワールドカップで優勝したコリンチャンスは名門クラブだが、チェルシーを1対0で破った決勝は、攻撃的で華麗なセレソンのイメージとは違う、固い守備と試合巧者ぶりを発揮して勝っている。

カーニバルから想起されるような底抜けに陽気なブラジルもブラジルではあるけれども、それとは違った面もあるのだ。ジーコはあまり表に出ていないほうのブラジル人だと思う。真面目で几帳面なブラジル人というと意外だが実際そうなのだ。世間が思うブラジル人の要素もあるが、そうではないほうがはるかに多い。鹿島は真面目なブラジル人であるジーコのＤＮＡを受け継いだ。

ブラジルのサッカーといえばテクニック、個人技だが、試合巧者の一面もある。サッカーは大雑把に４局面あって、ポゼッションして攻める、カウンターで攻める、その反対にポゼッションされて守る、カウンターを守る、である。例えばバルセロナはポゼッションによる攻撃力を前面に押し出し、それゆえに守備はカウンター対策ができていれば、ポゼッションによる攻めとカウンターケアで試合のリズムを作っていける。メンバー編成もそれに特化している。一方、人数を揃えて守れば強く、そこからの鋭いカウンターアタックで勝利するかつてのイタリアに代表されるタイプもある。

ポゼッション攻撃と対カウンター守備の組み合わせ、あるいは対ポゼッション守備とカウンターアタックの組み合わせは、勝ちパターンを作りやすい。逆にポゼッションはできるがカウンターに弱かったり、カウンターアタックが上手いのに守備力がなかったりすると安定した試合運びは難しくなる。ブラジルの長所は４局面すべてに強いところだ。

もちろんそのときのメンバーによっても違うわけだが、ポゼッションもカウンターも上手くて、前で守るのも引いて守るのも強い。どの局面でも戦えることを前提にしている。何かに特化するのではなく、そのときの状況によってプレーを変えていけるから試合巧者なのだ。よくいわれる「自分たちのサッカー」に固執しない。基本的にはパスをつないで攻撃的にプレーするのが好みだが、状況によってはしっかり守ってカウンターという流れでもやれる。こうすれば勝てる、ではなくて、どうなっても勝てるというところにサッカー王国の底力がある。

ジーコが鹿島に伝えたのは、セレソン型の華麗な攻撃で圧倒するスタイルではなく、基本に忠実で、几帳面な全方位型のブラジルだった。僅差の勝負をモノにするしぶといスタイルである。

ボックスの4－4－2

Jリーグ開幕に向けてのチーム作りにおいて、ジーコは各選手の動きを細かく指導した。型にはめたといっていい。のちに日本代表監督になったときのジーコは、まったく反対に約束事は最小限にとどめて選手の自由度を大きくしている。そのために「ジーコは戦術がない」とも批判され、なぜ鹿島のときのようにやらないのかは疑問でもあった。

しかし、短期間で人材の限られたチームを何とか形にする作業と、眼鏡にかなったメンバーを招集して4年間のスパンで成長させていくのでは仕事の質が違う。鹿島では型にはめて成功したが、まとめたチームをさらに伸ばすなら、型にはめすぎるのはかえって弊害があると考えたのだろう。鹿島で実感した〝まとめやすさ〟は、成功体験であると同時に、日本人を率いるときの注意事項として記憶されたのではないか。

好意的にみれば、日本代表での一種の放任主義にも理はあったと思う。ただ、選手にチームの約束事を作らせながら熟成させていく手法は、当時の状況に合っていなかった。この点は代表監督としての強化プランを誤ったといえる。結果的に国内組と海外組の2種類のチームを平行して作ってしまい、それぞれが上手くリンクする形に持っていけていない。チームとしての成長は断続的で、06年ドイツワールドカップで代償を払うことになった。

話を鹿島に戻す。実質的な初代監督だったジーコの後、ブラジル人の監督が続く。ジーコの実兄であるエドゥー、クラブ史上最も評価の高いジョアン・カルロス、ゼ・マリオからジーコ総監督の時期を経て、トニーニョ・セレーゾの6シーズンに渡る長期政権、パウロ・アウトゥオリ、オズワルド・オリヴェイラの〝世界一〟監督が続き、ジョルジーニョ、そして再びトニーニョ・セレーゾと一貫したブラジル路線だ。外国人選手もパク・チュホとイ・ジョンスの韓国人2名を除けば全員ブラジル人。中心になるのがブラジル人選手でブラジル人監督という、まごうことなきブラジル路線だ。この全くブレない方向性が鹿島の強さにつながっているのは間違いない。

ジーコの指導方法が鹿島のときと日本代表で違っていたと書いたが、アプローチが違っているだけで目指していた先は同じだったと思う。先に正解を示してしまうか、選手が見つけるのを待つのかの違いがあるだけで、ブラジルのサッカーには一種の王道があって、たどりつく先はだいたい一緒だからだ。

戦術的にブラジルのやり方は決まっている。フォーメーションは4－4－2が基本、同じポジションが左右対称になっているのが特徴だ。センターバック、サイドバック、ボランチ、攻撃的MF、2トップと、GK以外のポジションがすべて対になる。チームのバランスは対になっている2人の間で調整すればいい。ジーコがよく言っていた「つるべの動き」である。片方が前に出たら、もう一方は留まる。この簡単な約束事でチーム全体のバランスがとれるわけだ。

中盤の構成はいわゆるボックス型。2人のボランチと2人の攻撃的MFが四角形を組む。守備時にはサイドを担当する攻撃的MFは、攻撃時には中央へ絞ってプレーする。空いたサイドのスペースにはサイドバックが進出。このメカニズムは監督が誰でもほぼ同じだ。ブラジルのサッカーといっても、いろいろなフォーメーションや戦い方があるが、基本形は決まっていて意外とバリエーションは少ない。決まり事もあまり多くない。特殊な戦術のチームは少なく、新しい選手が入ってきても戦術的には順応しやすくなっている。選手の出入りが激しく、監督の任期も短いブラジルでは比較的単純でわかりやすい戦術のほうが使い勝手がいいという事情があるからだろう。

ブラジル人選手が軸になる鹿島の場合も、ブラジル人が順応しやすい戦術を一貫して使ったほうが力を発揮しやすい。ブラジル式4－4－2に精通し、ブラジル人選手の扱いに慣れているのは当然ブラジル人監督になる。例えば、ジュニーニョやダヴィは前所属クラブのときとは人が変わったように鹿島では優等生になっている。ブラジル人が主力になる以上、彼らをコントロールできるかどうかは重要なポイントになるのは間違いない。

ブレないブラジル路線は人材の入れ替えによるロスを最小限に抑えるとともに、世代間のギャップを埋めるにも好都合だったかもしれない。ベテランが積み上げてきた経験や知恵を次世代に伝えるとき、監督も戦術も一変してしまっていたら伝わらなかったり、伝えることにメリットがなくなるかもしれないからだ。その点、鹿島の一貫性は長期的なメリットになっていると考えられる。

鹿島の歴代監督にイノベーターはいない。他の誰もやっていないような特殊な戦術を発明するタイプは皆無、全員調整型だ。ブラジルサッカーの教科書どおり、そのときどきで微調整はするものの大きな変化は起こさない。

「毎回ではありませんが、定期的にやっているトレーニングとして6人での守備練習がありま す。監督が代わっても、これはやっていますね」

エルゴラッソ紙の鹿島担当、田中滋さんの言う「6人での守備練習」は、4バックと2人のボランチで守るトレーニングだ。ポジショニングやカバーリングの動き方を確認するための練習と思われるが、6人いれば守れるという自信を得るのも目的かもしれない。6人いれば持ちこたえられる、確かにそういう自信があれば余裕を持ってプレーできる。相手がエネルギー全開で攻めてきても冷静に受け止めて押さえ込む。相手がバランスを崩したら、その隙をついて攻撃に転じてゴールに迫る。守備への自信が、キックオフからリードしているような余裕ある試合運びを生んでいるのかもしれない。

──形のない強み──

「選手に聞くと、形のないのが強みだと言います。臨機応変に、相手に応じて自分たちの対応を変えられる」

田中滋さんの言う「形のない強み」は、鹿島が培ってきた強さの芯の部分であり、日本のサッカーに欠けているところでもある。試合の流れを読んで、そのときに必要なプレーをする。「自分たちのサッカー」を作って、そこにハマれば強いというタイプではなく、試合の流れに応じて守備的にも攻撃的にも変わる、ポゼッションもカウンターもやれる。ただ、それが近年は難しくなっているそうだ。

「選手の質が揃っていないと、そこまでのレベルに到達しない。むしろ最近は広島みたいにシステムが先行しているチームのほうが強くなっている」（田中氏）

形のない強みを最も発揮していたチームとして、鹿島関係者の意見が一致しているのが97年のチームである。ジョアン・カルロス監督の2年目で、ファーストステージ優勝、セカンドステージが4位だった。チャンピオンシップではジュビロ磐田に敗れて年間チャンピオンにはならなかったが、ナビスコカップと天皇杯に優勝している。チャンピオンシップに勝っていれば3冠だったわけだ。

4バックは右から名良橋晃、秋田豊、奥野僚右、相馬直樹。奥野は守備の司令塔役を果たし、残りの3人は日本代表メンバーという強力なディフェンスラインだった。中盤は2ボランチに本田泰人とジョルジーニョ、攻撃的MFにビスマルクと増田忠俊。95年に加入したジョルジーニョの存在が大きい。ジーコが吹き込んだブラジル式の考え方やプロ精神を具現化してみせたのがセレソンでも中心選手だったジョルジーニョであった。

ヴェルディ川崎の全盛期に貢献したビスマルクの加入も見逃せない。増田はキレのあるドリブラーで、攻撃のアクセントとなっていた。2トップは本田技研から移籍してきた初期メンバーで空中戦に強い長谷川祥之、柳沢敦も台頭していた。FWの絶対的なレギュラーはブラジル人のマジーニョ、自分が点をとるだけでなくアシストも上手かった点で鹿島でも最高クラスのFWと評価されている。

ジョアン・カルロス監督の指導力も効いていた。歴代監督の中でも最高の評価を得ているジョアン・カルロスは、それまでの監督とはタイプが違っている。実質的に開幕時の監督だったジーコ、続くエドゥーはともに現役時代はブラジル代表のスター選手だったが、ジョアン・カルロスは選手経験がない。フィジカルコーチから指導者を始めた理論派だ。それまでとはタイプの違う理論派の監督が初めて指揮を執ったという新鮮さも、評価の高さにつながっているのかもしれない。

ブラジルにはジョアン・カルロスのようなフィジコ系の理論派監督と、元選手のテクニコ系に二分されている。大学出身の元選手もいるし、選手経験のあるフィジコもいないわけではないが、だいたいはっきり分けられる。

かつては自分の名前すら満足に書けない選手もいたぐらいで、ペレもプロになったときは初等教育しか受けていない。学歴のあるサッカー選手などほとんどいなかったから、元選手が監督になるときに運動生理学や心理学、医学など、今日の監督に義務づけられている知識など持ち合わせているはずもないのだ。一方、そうした理論を大学で学んだインテリ層はプロサッカー選手の道には進んでいないので、両方を兼ね備えている人材があまりいなかった。現在は状況が変わっているとはいえ、それでもどちらかに色分けできるケースが多い。

ブラジル代表監督でいえば、マリオ・ザガロはスター選手だったし、テレ・サンターナもそうだ。フェリペ・スコラーリはスターという感じではないが頑健なDFとして鳴らしていた。エメルソン・レオン、ドゥンガも元スター選手である。一方、カルロス・アルベルト・パレイラは70年メキシコワールドカップではザガロ監督と組んだフィジコである。ほかにはクラウディオ・コウチーニョ、セバスチャン・ラザローニ、カルロス・アルベルト・ダシルバがフィジコ系だ。

鹿島の監督起用はフィジコとテクニコが交互になっている。ジョアン・カルロスの次は関塚隆監督代行を挟んで、テクニコのゼ・マリオにつないだ。ゼ・マリオの後はジーコ総監督が短期間引き継ぎ、やはりテクニコのトニーニョ・セレーゾが長期政権を担う。06年にセレーゾの後継となったのはパウロ・アウトゥオリ、選手経験はあったが戦術家として知られていた監督だ。アウトゥオリはフロントと強化方針で意見が合わず1年で退任したので、次も理論派のオズワルド・オリヴェイラを起用している。オリヴェイラも選手経験がなく、フィジカルコーチから監督に転身した人物だった。オリヴェイラの後はジョルジーニョ、1年で退任したので後任は同じタイプのトニーニョ・セレーゾが2度目の就任となっている。

ブラジル人監督路線は一貫しているが、ある程度の期間で交互に違うタイプの監督を起用しているのはマンネリを防ぐという狙いがあるからだ。このあたりは同じ路線を続けているがゆえの工夫なのだろう。ただ、ブラジル人監督は戦術家、学究肌といっても、さほど練習にバリエーションがあるわけでもなく、07年から3年連続でリーグを制覇したオリヴェイラ監督の最大のストロングポイントも選手の士気をコントロールする優れたモチベーターとしての手腕だった。

鹿島にあった「形のない強さ」は、ブラジル式4－4－2という大枠の中で、ゲームの流れを的確に読んでの対応力にあるわけだが、それは選手個々の経験や能力への依存度が高い。ビスマルク、ジョルジーニョ、レオナルドといった世界でもトップクラスの選手を獲得できた時期はよかったが、それが無理な時代に移行すると強さを維持するのが難しくなっていく。

「阿部（敏之）や増田をバッサリ切って、若手の小笠原満男や中田浩二が常時試合に出られるようにしたのはフロントの決断だった」（田中氏）

一時は順位を落としたものの、世代交代が軌道に乗るとオリヴェイラ監督時代の3連覇へつながった。ただ、それもこれからは難しくなるのかもしれない。内田篤人のように、育てた若手選手が外国のクラブへ移籍する可能性は以前より高くなっているからだ。トレーニングで人工的、機械的にチームを作っていくというよりも、漠然とした大枠の中で選手たちが熟成していく「形のない強さ」はますます作りにくくなると予想される。鹿島をとりまく環境が変化する中、クラブの対応力が問われているのかもしれない。

第４章

図らずも生まれたガンバ・スタイル

得点も失点も多い

Jリーグも開幕して21年。紆余曲折を経ながらも、「地元密着」の理念は着実に浸透してきたように思える。それぞれのクラブが個性を打ち出し、戦術面でも「スタイル」を意識するようになった。

開幕当初、スタイルと呼べるようなものがあったのは、当時の優勝候補だったヴェルディ川崎と横浜マリノスだろうか。パスをまともにつなげる2チームと言い換えてもいいかもしれない。プロリーグ発足の高揚感の中、他のチームも異常なほど張り切ってプレーしていたものの、ボール際の激しさと計画性があまりないロングボールの多用による〝勢いだけ〟の感は否めなかった。

開幕翌年にはスチュワート・バクスター監督に率いられていたサンフレッチェ広島がヨーロッパ型の機能的な4－4－2で新風を入れ、ジーコの哲学が浸透していった鹿島アントラーズはブラジル型のチームとしてヴェルディを凌駕していく。ハンス・オフト監督が基礎を作ったジュビロ磐田は、のちにJリーグ史上に残る強力なチームに変貌。それぞれのクラブが独自の路線を開花させるに至るのだが、それも浮き沈みがあって長年にわたってスタイルを維持できているチームはそう多くはない。

ガンバ大阪は、確固としたスタイルを貫いてきたチームの1つだ。

現在の「ガンバ・スタイル」が構築されたのは、西野朗監督の時代である。異例の10年という長期政権中に攻撃的なパスサッカーを定着させた。セホーン監督に代わった2012年の立ち上がりこそスタイルのぐらつきが見えたものの、すぐに元に戻っている。ただ、スタイルを貫いた結果がJ2への降格だった。J1最多得点を記録しながらの降格は、G大阪らしいともいえる。

何となく出来上がる

西野朗監督のアイドルはヨハン・クライフだった。浦和西高で天才MFとして注目されていたころの背番号は14。プレーヤーとしてだけでなく、クライフがバルセロナの監督として実現した攻撃的なスタイルの信奉者でもあった。

ただ、監督としての西野が常にバルサ型のスタイルを追求してきたわけではない。柏レイソルの監督時代は、堅固な守備とハードワークのチームを作り上げている。そのころの西野監督にインタビューしたことがあるが、3－5－2システムとカウンターアタックのスタイルは

「選手を見て決めた」と話していた。洪明甫、薩川了洋、渡辺毅という3人の傑出したセンターバックが揃ったがゆえの3バックだった。ただ、泥臭く戦うスタイルは監督本人にとっては必ずしも本意ではないようでもあった。

その点、G大阪では西野監督の意向に合った人材に恵まれたといえる。遠藤保仁、二川孝広、橋本英郎といったMFの存在がガンバ・スタイルにつながった。西野監督がG大阪を育てたのは間違いないが、監督としてようやく自分と波長の合うチームに恵まれたともいえる。ただ、G大阪でも最初からそうだったわけではない。西野監督が就任する1年前に京都パープルサンガから移籍してきた遠藤保仁は、

「失礼な言い方になるけど、これといって特徴のないチームだった」

西野監督が来た2002年もパスサッカーのイメージはない。

「長身FWのマグロンがいたので、まずそこへ当てて、というより逃げてという感じでしたね。大きい選手が前線にいると、どうしても苦しいと使ってしまう。それではパスをもらう動きの質が高くならないし、全体に大雑把になる。つなぐ意識は全然できていなかった」（遠藤）

その後のガンバ・スタイルが出来てくるのは、西野監督の3年目にあたる04年からだった。

「変わったのは、僕の記憶が正しければマグロンがいなくなってから（笑）。マグロンが試合に出なくなって、パスをつなぐしかなくなった。西野監督からパスサッカーでいこうという話も

なかったと思う。変わるきっかけというと、マグロングぐらいしか思いつかない」

遠藤の「記憶が正しければ」、とくに明確な区切りはなかったらしい。マグロンを中心にした戦術ではなくなり、外国人選手はフェルナンジーニョが加入している。マグロンとフェルナンジーニョでは体のサイズもプレースタイルも極端に違うので、ロングボールが有効でなくなったのは間違いない。だからといって急にプレースタイルを変えたという自覚も遠藤にはなかったようで、何となくそうなっていったというのはある意味ガンバらしい気もする。

04年に変わり始めたG大阪は、05年にはリーグ初優勝を飾る。1シーズン制に切り替わった最初のシーズンだった。34試合で82得点という突出した攻撃力を発揮している。得点数2位の浦和が65点なので、82ゴールはぶっちぎりの破壊力だ。このシーズンに新加入したFWアラウージョは驚異的な33ゴールで得点王になっている。一方、失点の多さがワースト3というのもこのチームらしい。

「4点とられても5点とれるという自信がありました。なぜそうなったかは、よくわからないんですけど。たぶん積み重ねではないですかね。04年も点はとれていて打ち勝つゲームがほとんどだったから、オープンな試合になったら負けないという自信がついていたんだと思います」（遠藤）

優勝した05年の主力メンバーはGK藤ヶ谷陽介、DFがシジクレイ、宮本恒靖、山口智の3

バック、ボランチに遠藤と橋本、右サイドに渡辺光輝、左は二川または家長昭博、トップ下にフェルナンジーニョ、2トップがアラウージョと大黒将志。西野監督は徹底攻撃の姿勢を貫徹した。ここからG大阪の黄金時代が始まる。06年には西野監督が「キーになる選手」と言う明神智和が加入。右サイドで長く活躍することになる加地亮の加入もこのシーズンからだった。

05年の優勝の後、リーグ戦は2位、3位とあと一歩で優勝を逃しているが、08年はアジアチャンピオンズリーグを制してアジア王者となった。無敗優勝であり、アウェーが全勝という〝外弁慶〟ぶりだった。このシーズンは過密日程が崇ってリーグ戦は8位と不調だったが、アジアチャンピオンズリーグになってからは浦和レッズに続くJリーグからの戴冠だった。これ以降、2013年までJリーグからのチャンピオンは出ていない。強いガンバは西野監督が退任する11年まで続くのだが、翌12年にまさかのJ2降格を経験する。優勝した05年から11年までがピークと考えていいだろう。

バルセロナのDNA

西野朗はアトランタ五輪の監督を務めた後、バルセロナへ研修に行っているが、ガンバ大阪に理想とする〝ドリームチーム〟の手法をそのまま持ち込んだわけではない。監督のチーム作りの鉄則は、まず選手ありきである。西野監督はその点には忠実で、常に選手の個性を見てから戦術を決めている。ただ、バルサの哲学に共感していたのは確かである。

ドリームチームをJリーグにそのまま持ち込んだのは、まさにドリームチームの第二監督だったカルレス・レシャックのほうだ。

横浜フリューゲルスを半年ばかり率いただけだが、当時の選手に大きな影響を与えている。その中の1人が、入団したばかりの遠藤保仁だった。もともと遠藤はバルサ型のパスプレーに合った資質を持っていた。しかし、自分のプレーに確信を得たのはレシャック監督と出会えたからだ。横浜フリューゲルスへのバルサ・スタイルの移植は結果的に失敗に終わったが、バルサのDNAを受け継いだ遠藤はG大阪で才能を開花させることになる。

西野監督と中心選手である遠藤は、奇しくも「バルセロナ」という理想で一致していた。2人の考え方は微妙に違っていたところはあっても、おおまかな指向性は一致している。遠藤、二川孝広、橋本英郎に守備面で彼らを補完する明神智和が加わり、この強力な中盤に旬のブラジル人FWを組み合わせて成果を出していく。

G大阪の戦術はバルサと同じではない。ただ、どこをとって「戦術」と呼ぶかにもよる。ポジショニング、パスのつなぎ方、プレー全体の背景にある考え方、それについてはバルサと似たものがあるかもしれない。G大阪のプレースタイルは、特定の形があるというよりも、形として現れる前のディテールや作法に〝らしさ〟がある。フォーメーションや攻撃のルートではなく、もっと細かなところにこのクラブの特徴があり、それこそがガンバ・スタイルといえるだろう。

G大阪は一貫した「パスサッカー」に特徴があるが、フォーメーションはそのときどきで変わっている。4−4−2が多いが、4−2−3−1や3−5−2も使う。フォーメーションにこのクラブの独自性があるのではなく、もっとディテールの部分が肝なのだ。

最近、「間（あいだ）で受ける」ということがJリーグでも広く意識されるようになっている。「間」とは相手選手の間なのだが、もう少し細かくいえば斜めの関係になっている相手選手の間である。G大阪はこの「間で受ける」パスの受け方が上手く、逆に間で受けないときの受け方も上手い。これが他チームとの差になっていた。

以前、マルセロ・ビエルサ監督が率いていたアスレティック・ビルバオのトレーニングを見に行ったことがある。G大阪のパスを説明するのに都合がいいので、ビルバオの練習を例にしてみたい。

30メートルほどの間隔で2人の選手が向き合い、その中間にパスを受ける選手が立つ。その、中間にいる選手にパスを出すという実に単純な練習だ。中間点にはパイロンを使って2メートル四方ぐらいの四角形が置かれていて、これが敵の選手の代わりである。

パスの受け方は主に2種類。1つはパスの受け手が敵（練習ではパイロンで囲った地域）の斜め後ろで受ける。これが「間で受ける」ほうだ。もう1つは、逆にパイロンの手前で受けて出し手に返す。これが「間で受けない」ほうになる。

間で受けるほうから説明すると、敵の斜め後ろのポジションは視野から外れた位置になる。ここに速いパスが通ると、敵はすぐには守備に入れない。実戦では敵の違う選手がカバーリングポジションからボールの受け手へのチャレンジを行うのだが、この第二の敵は第一の敵より遠い位置から来る。つまり、パスを受けた選手にはより余裕があるわけだ。

一番近い敵はターンしてからでないとボールホルダーにチャレンジできないので時間がかかる。二番目の敵は直線的に寄せられるが距離が一番目より遠い。結果的に、一番目の敵と二番目の「間」で受けることで2人の敵を引きつけることができる。

「だいたい2つぐらい間につなぐと、敵の守備は崩れてくる」（遠藤）

1本、間につないで二番目の敵を引きつければ、この二番目の背後も空くことになり、二番目の斜め後ろへパスをつなげば必然的に三番目が出てくるわけだが、サッカーの守備は3ラインが基本だから三番目のカバーが出てきた時点でディフェンスラインの背後は空くことになる。もちろん実際にはそんなに簡単ではないにしても、理屈では確かに守備は崩れるのだ。

しかし、常に相手の背後にパスをつなげられるとはかぎらない。そこで、「間で受けない」ほうの受け方も重要になる。

一番近い相手と、カバーをしている二番目の敵との間隔が狭ければ、間で受けるのはかえって危険だ。パスが入った瞬間に挟まれてしまう。そこで、そういう場合は間では受けず、わざと相手から見える場所に移動してパスを受ける。つまり、一番目に近い敵の背後ではなく、手前で受けるわけだ。当然、一番近い敵はプレッシャーをかけにくるので、このときはワンタッチでバックパスするなど、タックルされる前にボールを動かしてしまう。こちらは守備を崩すためのパスではなく、崩す準備のパスであり、相手を釣り出すためのエサ撒きだ。例えば、近い敵の面前でパスを受けることで、この敵を手前へ引きつけることができる。ビルバオの練習では敵をつけていなかったが、このときはパイロンで囲った場所から〝仮想の敵〟は動いていてスペースになっていると考えられるので、ワンタッチでボールを戻されたパスの出し手は、このパイロンで囲ったスペースを通過するパスを反対側にいる選手へ送っていた。釣り出して、バックパスして、敵が動くことで空いたスペースを通過させるパスを前方へ送るという練習である。

敵の斜め後ろにいる選手へのパスと、敵の面前に降りてきた選手へのパスでは、ボールのスピードは当然違う。「間」を狙うパスはスピードが速く、受け手もワンタッチで前を向く。手前へつなぐボールはワンタッチでリターンできるような少し緩めのコントロールされたパスになる。

G大阪はバックパスを多用する。バックパスにはボールをとりあえず確保するという目的もあるが、相手を引きつけることでパスコースを開ける狙いもある。間へつなぐパス、相手を引きつけるパス、G大阪はこの2種類のパスの使い分けが巧みで、大きなサイドチェンジを使わずに同サイドの狭い地域を破っていける。精密なボールコントロールとポジショニングの良さが求められる攻め方だが、それができるところに強みがあるわけだ。

「ガンバらしいのは足下に〝つなぎすぎる〟こと。しかもスペースへ走る人も少ない。それでも崩せるのがガンバらしさ」（遠藤）

狭いエリアでパスを回し続けて、そのままシュートまで持っていけるのはパスワークの精度が高いからだが、それに裏打ちされた余裕や信頼感も関係している。まずボールを奪われない自信があり、自信が「遊び心」を生む。遠藤が「固いサッカーではない」という余裕がアイデアにつながるのだが、パスワークによる崩しはこれがないとなかなか上手くいかない。ポイントは3人目の動きと連動性だ。パスがつながってから走るのではなく、つながることを前提にした動きが必要になる。

「何でそのタイミングで走ってるんだ、というぐらいじゃないとダメ」（遠藤）

パスワークで崩すG大阪の意外性は、味方への信頼から生まれているところがあるわけだ。パスがつながると思うから、そのタイミングで3人目が動き出すことができる。遠藤、二川、橋本を軸に、積み重ねてきた信頼関係が独特の意外性に結実していた。技術の高い選手が揃っていたというベースの部分は育成の成功による。橋本、二川、大黒、家長、新井場徹など、ユース出身者の多さはJリーグでも別格だった。

ブラジル人FWの生かし方

2005年の初優勝時に大活躍したアラウージョは、その1年前の04年に清水エスパルスに入団している。ブラジルのゴイアスではクラブ史上最多ゴールを記録するなど、7シーズンに渡って活躍していた。清水でも当初は足技とスピードでファーストステージに8ゴールをゲットしたが、セカンドステージでは構想から外れて1ゴールと低迷する。

ところが、ガンバ大阪に移籍すると得点、アシストともリーグ最多を記録する大暴れで優勝の原動力となった。家庭の事情からブラジルへ帰国し、そのままG大阪には戻らず退団してしまったのだが、アラウージョの働きはJリーグの歴代外国人選手の中でもトップランクだった。

アラウージョの後釜に収まったのはマグノ・アウベス。大分トリニータのエースとして2年間プレーした実績があった。アラウージョとは少しタイプが違うものの、点がとれてアシストもできる万能型ストライカーというのが共通項だ。マグノ・アウベスも26ゴールで06年の得点王に輝いた。アラウージョ、マグノ・アウベスと他のJリーグクラブでプレーしたブラジル人選手を引き抜いていく路線がこのあたりから定着する。

07年の新外国人選手はヴァンフォーレ甲府にいたバレー。ブラジルでの選手経験はあるものの、実質的には大宮アルディージャでプロ選手としてのキャリアをスタートさせた。191センチで体重は100キロ近い巨体を利したパワフルなFWである。大宮から甲府に移り、そこでの活躍が認められてG大阪へ移籍した。バレーはアラウージョやマグノ・アウベスとはまったく違うタイプだが、まだマグノが在籍していたのであえて違うタイプを補強したのだろう。ところが、マグノ・アウベスはサウジアラビアのアル・イテハドに移籍してしまう。

08年、マグノ・アウベスの穴埋めにFC東京で活躍したルーカスを補強。このシーズン途中にバレーがUAEのアル・アハリに移籍する。マグノ・アウベス、バレーとG大阪で活躍して中東のクラブへ移籍というパターンが出来上がる。

09年に加入したレアンドロもリーグ戦前半の21試合で11ゴールを決めると、カタールのアル・サッドへ移籍していった。レアンドロも大宮でJリーグにデビューし、モンテディオ山形、ヴィッセル神戸と日本での実績を上げてからG大阪へ加入したブラジル人である。中東移籍はレアンドロで3ケース目だったが、サイクルはどんどん早くなっている。

レアンドロが抜け、急遽補強したのがペドロ・ジュニオール。この選手もJリーグでのスタートは大宮だった。アルビレックス新潟へ期限付き移籍中に活躍してG大阪が引き抜いた。ただ、ペドロ・ジュニオールは歴代のブラジル人選手ほど活躍しないまま戦力外となり、ブラジルのサンカエターノへ期限付きで放出となっている。交代させられたことに不満を爆発させ、西野朗監督の構想外になったようだ。11年にセレッソ大阪から補強したアドリアーノは、わずか8試合に出場しただけで6月にはカタールのアル・ジャイシュへ移籍する。

05~11年までのG大阪の強さを支えたのが、アラウージョに始まるブラジル人FWだった。一方で、活躍すると中東のクラブへ移籍というパターンになっている。レアンドロが移籍したとき西野監督は、「うちで2桁ゴールして中東へ移籍という流れになっている」と話していた。G大阪がクラブとしてそれを望んだわけではない。カタールやUAEのクラブに金銭面で太刀打ちできなかったのだ。ただ、中東クラブからの高額オファーは選手にとっては魅力であり、代理人も儲かる。Jリーグの他クラブ→G大阪→中東の2段階移籍はエージェントには2度おいしい話だ。ちなみに、この流れで一番割を食うのはG大阪にエースを引き抜かれるクラブだが、G大阪にも短いサイクルでブラジル人FWが変わっていく難しさはあったはずだ。ところ

が、

「それで苦労したことはないです。使いにくいと思った人もいないし。うちに来るブラジル人はワガママなタイプが少なくて、わりと日本向きだった」（遠藤）

中盤までは出来上がっていたので、ブラジル人ＦＷは得点に専念できた。ブラジル人のアタッカーといえば攻撃力はあるものの、守備ができなくてＪリーグにフィットしないケースがけっこうあるのだが、Ｇ大阪に来るブラジル人はすでにＪで成功している選手たちだった。アラウージョはボールを奪うのも上手かったし、マグノ・アウベス、バレー、レアンドロ、ルーカスも守備ができないＦＷではなかった。西野監督が外国人選手にも遠慮なく要求するタイプだったということもあるだろう。これは柏での話だが、当時所属していたフリスト・ストイチコフは、「俺に守備を要求した監督は彼だけだ。クライフにも守れとは言われなかった」と話していた。

そもそもＧ大阪はボールポゼッションが高く、ブラジル人にかぎらずそれほど守備をする必要がない。あまりにも攻撃に傾きすぎて常に失点が多いのは弱点だが、

「1、2点は相手に先にやっても構わない」（遠藤）

そういうメンタリティでやってきたチームなのだ。ブラジル人ＦＷにすれば、さほど守備をする必要もなく、良いパスもどんどん配球される。活躍すれば中東のクラブから好条件のオ

ファーも来る、かなり居心地のいいクラブに違いない。

２００８年のクラブワールドカップ準決勝、マンチェスター・ユナイテッド戦はガンバ・スタイルの真髄が発揮された試合として印象に残る。クリスティアーノ・ロナウドやウェイン・ルーニーを擁するユナイテッドに一歩も引かずに打ち合い、敗れはしたが３対５のスコアはガンバらしかった。

「偉大な試合だった」

マンチェスター・ユナイテッドのアレックス・ファーガソン監督は「日本サッカーの進歩」が非常に印象的だったと述べた。

やられたらやり返すの〝倍返し〟サッカーでＪリーグの強豪となり、アジアも制したＧ大阪だが、そのツケを払うことになったのが12年の降格である。最多得点を挙げながら失点の多さがついにアダになった。13年に就任した長谷川健太監督が、「失点を減らすこと」に注力したのはもっともである。

「カチッとブロックを作って守るのはガンバには向かない。けれども、しっかりとやるべきことはやらないといけない。それができなかったからＪ２に落ちた」（長谷川監督）

従来の良さを生かしながら、変えるべきところは変えるという方針にブレはなく、Ｊ２とはいえ、年間46失点は最少のＶファーレン長崎（40失点）、ヴィッセル神戸（41失点）に次ぐ少なさだった。攻撃力は相変わらずの99得点、前半戦はレアンドロが得点を量産し、レアンドロが抜けるとドイツから戻った宇佐美貴史が外国人並の得点力を示している。抜群の攻撃力を維持しながら失点も減らす、サッカーの命題ともいえるが、この課題をクリアしたときガンバ・スタイルは次のステージに進化するはずだ。

第５章

史上最も全国的人気を博したヴェルディ川崎

図抜けていた2強

Jリーグ開幕時に〝2強〟と目されていたのは、ヴェルディ川崎と横浜マリノスだった。ともに技術の高い選手を擁していて、ブラジルスタイルという共通点がある。

この2チームは日本リーグ時代からのライバルだった。最初は木村和司、金田喜稔らの強力アタックラインの日産が攻勢に出ることが多く、読売クラブは与那城ジョージやラモス・ソブリーニョ（ラモス瑠偉）のカウンターアタックで対抗していた。このころは読売が連勝していた。

ところが、与那城ジョージが引退したのを境に日産のほうが直接対決で負けなくなって立場は逆転する。ゲームを支配するのは読売、日産はカウンターで勝つという役回りまで反対になっていたのは興味深いが、どの対戦も当時の日本最高レベルの内容だった。

パスをしっかりつなぐサッカーができるのはこの2強ぐらいで、Jリーグ開幕に合わせて大物外国人を獲得した他チームも、2強の完成度には及ばなかった。1993年の開幕戦がヴェルディvsマリノスだったのも、当時の黄金カードだったからだ。

しかしファーストステージに優勝したのはヴェルディでもマリノスでもなく、鹿島アントラーズだった。ヴェルディは守備の重鎮だった加藤久が清水エスパルスへ移籍するなど、チームが内紛状態に陥っている。開幕に合わせてオランダ人選手を補強したのだが、それが従来のスタイルと合わなかったのもスタートダッシュの失敗につながった。

大本命と目されながらファーストステージを取り損ねたヴェルディだったが、セカンドステージに救世主となるビスマルクが加入して強さを取り戻している。

ビスマルクは年齢的には若手だったがブラジル代表歴もあり、何より実力は別格。非常に堅実なトップ下で、ほとんどボールを失わず、丁寧なパスでゲームを作っていった。左の深い位置からラモスがゲームをコントロールし、中央でビスマルクがタメを作る。ダブル司令塔が機能してからのヴェルディはリズムを取り戻し、三浦知良はゴール前に専念して得点を量産した。セカンドステージに勝つと、チャンピオンシップでも鹿島を下してJリーグ初年度の年間王者に輝いた。

華麗なるパッチワーク

当時のヴェルディ川崎のフォーメーションは4－4－2。中盤はダイヤモンド型で、1ボランチは柱谷哲二だった。

柱谷は日本代表ではセンターバックでプレーしていたが、ヴェルディではボランチが定位置である。左のラモス瑠偉、右の北澤豪、トップ下のビスマルクが3人とも攻撃型だったので、柱谷への負担は大きかったと思う。

中盤右の北澤は、本田技研時代に得点王になったようにフィニッシュも良かったが本領は運動量だ。攻守に疲れ知らず、エネルギッシュに動いて中盤を支えていた。当時は本人いわく「サッカーで疲れたと思ったことがない」と言っていたぐらいだ。

2トップの三浦知良と武田修宏は、どちらも突破型でいわゆるポストプレーヤーではない。カズは細かいタッチのドリブルで相手を翻弄、左右どちらの足でも正確なシュートを放ち、93年の年間MVPに選出されたJリーグのスーパースターだった。武田はスピードが抜群で、ラモスのパスを引き出して裏に抜け出る形を持っていた。得点の嗅覚も鋭く、こぼれ球を抜け目なくゴールに結びつけている。

本来はどちらもポストプレーヤーと組んだほうが持ち味を発揮できるタイプである。前を向いてナンボの2トップなのだが、そこはビスマルクの存在が効いていた。2トップの1つ手前の位置でビスルクがパスを受けてくれるので、2トップは半身で受ける体勢を作りやすかった。ビスマルクが前を向けない場合でも、キープしてラモスや北澤につなげば攻撃の形は作れる。相手のチェックが厳しい場所でキープできるビスマルクは、いまでいえばバルセロナのメッシのようなもので、ポストプレーヤーなしでも攻撃が成り立っていたわけだ。

当時のヴェルディは中央突破のアプローチが多かった。サイドアタックは左サイドバック都並敏史のオーバーラップに威力があり、ラモスがキープして都並が追い越していくパターンは日本代表でも定番だった。ただ、J開幕初年度は都並が負傷で長期離脱していて、中村忠がプレーしている。中村はいわゆるエースキラーで、守備は固かったが都並のような攻撃力はなく、それもあってヴェルディの攻撃はほぼ中央突破の一点張りだった。

チーム戦術というよりも優れた個人の組み合わせによる、パッチワークのようなチームだった。銀河系と呼ばれたころのレアル・マドリードがイメージとしては近いかもしれない。

ナビスコカップ決勝でヴェルディに敗れた清水エスパルスのエメルソン・レオン監督は、「相手には6人の外国人選手がいる」と記者会見で話している。もちろん、正式には3人の外国人選手しか起用できない。ラモス、カズ、ボリビア出身の石川康まで「外国人」に数えていたのだ。ラモスはブラジルからの帰化選手、カズのプロデビューはサントスだった。石川は有名なタウイチ・アカデミーの出身でボリビアのU－15代表やU－17代表での出場歴があった。Jリーグの歴史上でも最も多国籍なチームだった。

ヴェルディの前身である読売クラブは読売新聞社の正力松太郎会長がグラウンドを作り、

ヨーロッパ型の育成組織を持つプロを目標に1969年に発足している。当初は東京教育大学の出身者が中心だったが、日系ブラジル人の与那城ジョージを加えてからブラジル色が鮮明になっていく。ただ、ブラジルというよりも与那城のプレーを学んで吸収していったものなので、〝与那城流〟といったほうがいいかもしれない。吸い付くようなボールコントロールと爆発的なスピード、正確なパスと広い視野を持つ与那城は〝ミスター・ヨミウリ〟として現役時代からすでに伝説的な存在だった。10年遅く生まれていれば、Jリーグでもスーパースターになっていただろう。

与那城に続いて加入したラモスも、日本リーグの得点王とアシスト王をダブル受賞するなど大活躍した。与那城とラモスのコンビネーションは驚異的で、筆者は国内国外を問わず彼ら以上に息の合ったコンビを見た記憶がない。与那城が中盤から40メートルのパスを誰もいないスペースへ蹴ると、そこへランニングのコースを変えながらラモスがトップスピードで走り込んでいてピタリと合う、そういうプレーが何度もあった。まるでアメリカンフットボールのパスプレーのようだった。このころのラモスはパスの出し手というより受け手であり、抜群の運動量とスピードを生かした与那城のパートナーであった。

与那城&ラモスのコンビを軸に、小見幸隆、松木安太郎、都並敏史、戸塚哲也、加藤久の新旧日本代表メンバーで構成した80年代が最初の黄金時代だ。与那城が引退すると、ラモスが司令塔を引き継ぐ。武田修宏、三浦知良が加入して強さを維持したままJリーグ開幕を迎えることになった。

　読売時代のプレースタイルは与那城とラモスに依存している。日本リーグ最後の得点王になった戸塚は、「与那城やラモスがドリブルで突っ込んでくるのに合わせて、DFの視野から外れればフリーになれた」と話している。与那城、ラモスのプレーの癖や特徴をつかんだうえで、それに上手く合わせることで威力のある攻撃が成り立っていた。与那城が引退した後はラモスがフィールドの支配者となり、柱谷哲二によると「ラモスさんが実質的には監督のようなものだった」というほど絶対的なリーダーであった。

　初期のフランツ・ファンバルコム監督はオランダ人で、ドイツ人のルディ・グーテンドルフ監督も指揮を執っているのでヨーロッパの戦術も入ってはいるのだが、結局のところ与那城やラモスのチームであり、彼らが戦術だったといっていいだろう。

　司令塔となったラモスは左サイドの深い位置からビルドアップの中心となり、中盤からドリブルや壁パスを使って一気に相手陣内へ侵入、ラストパスを供給するという流れを得意としていた。組み立てのきっかけのところからフィニッシュまで一気にやり切ってしまうプレーは圧巻だったが、Jリーグ開幕の93年には36歳になっていたので、さすがにワンマンショーは難しくなっていた。そのタイミングでビスマルクが加入したのは大きかったに違いない。

ブラジルからの逆輸入選手だったカズは、当初典型的な左ウイングだったがJリーグ開幕前の92年ごろから得点に意欲を持ち、ストライカーとしての地位を築いている。ワンタッチコントロールの精度と思い切りのいいシュートで得点を量産した。もともと素早いステップワークとドリブルのキレは抜群で両足のキックも上手かった。ＣＫやＦＫを右でも左でも蹴るのはカズのほかにはボビー・チャールトンと宮間あやぐらいだろう。ただ、ゴールゲッターとして大成したのは努力によるところが大きいと思う。クリスティアーノ・ロナウドが、エゴイステックなドリブラーから自らの努力でゴールゲッターに変身する過程は、カズのケースによく似ていると思ったものだ。

強烈な個性を持つ選手たちによるパッチワーク的なヴェルディは、最後のワンピースだったビスマルクがハマったことで完成。個が前面に出ているぶん魅力的で、Ｊリーグ史上最も全国的な人気を博したチームでもあった。

ネルシーニョ采配でV2

Jリーグ初年度の年間王者となったヴェルディ川崎は、2年目のチャンピオンシップもサンフレッチェ広島を破って連覇を成し遂げる。ただ、このときのヴェルディには圧倒的な実力で勝ちまくっていた1993年後半の威力はもうなかった。

得点源だった三浦知良がイタリアのジェノアへ移籍、ラモス瑠偉は負傷で欠場が続いていた。それでも連覇を達成できたのは、ネルシーニョの采配が大きかった。監督は初年度に続いて松木安太郎だが、ヘッドコーチのネルシーニョが実質的には監督だった。

ネルシーニョは4－4－2から3－5－2へフォーメーションを変え、派手さがなくなったのと引き替えに勝負強さをもたらした。優れた個人のパッチワークだった93年に比べると、組織力を伴った手堅いチームに変貌させている。

当時3バックを使っているチームはあったものの、機能性という点ではヴェルディが頭一つ抜けていた感がある。ネルシーニョにインタビューしたとき、彼は3－5－2と4－4－2で生ずるマッチアップのズレについて明確に回答していたのを覚えている。どこのゾーンを埋め、どこでマークを受け渡すか。現在では当たり前になっているが、当時はけっこう曖昧だったのだ。ネルシーニョはマグネット式の携帯戦術板を持っていて、パチパチとソロバンを弾くように模範解答を目の前で示してくれた。

3－5－2のキーマンはウイングバック、とくに言葉がわかる石川康だった。石川はボリビアの出身で母国語がスペイン語。ネルシーニョはブラジル人なのでポルトガル語だが、スペイン語とポルトガル語は近く、ほぼ互いの言うことはわかるそうだ。3－5－2でポジション的に難しいのがサイドを1人で守るウイングバックなのだが、石川はもともと本職がリベロなのでカバーリングやゾーンディフェンスのセンスがあり、監督の意図も理解できる。ネルシーニョは石川を通じて戦術を浸透させていった。

この年のMVPを受賞したペレイラが守備のエースである。長身で空中戦が強く、足下も柔らかくてパスも上手い。非常に落ち着いていて、読みの効いたカバーリング力とマッチアップで潰すパワーを兼ね備えたパーフェクトなセンターバックだった。物静かな性格で〝ミスター・プロフェッショナル〟と呼ばれたペレイラのコメントで印象に残っているのは、ナビスコカップ決勝のときのものだ。

「1対0でなくてもいい、0.5対0で勝てるならそれでいいのだ」

ブラジルのサッカーといえばテクニカルで攻撃力を生かした華麗なイメージがあるが、僅差の試合を確実にものにする、〝したたか〟な別の顔もある。もはや他チームとの圧倒的な戦力差を失ったヴェルディにおいて、僅差の勝負を制するための守備力、ゲームを読む力、試合運びの上手さは不可欠で、ペレイラはその象徴ともいえる存在だった。

広島とのチャンピオンシップでは、ラモスと新人の石塚啓次が2トップを組んでいる。シーズン中のレギュラーFWはベンチーニョと武田修宏だったが、負傷から回復したラモスと終盤に頭角を現した石塚のコンビが先発となった。

ラモスはリベロからセンターフォワードまでこなすオールラウンドプレーヤーだが、この時期はプレーメーカーとして中盤の左寄りが指定席。石塚もFWというよりもプレーメーカーで、いわばゼロトップが2人並ぶような具合になっていた。ラモスのFW起用は守備面での負担を軽減する意図だろう。石塚のほうは、組み上がった守備組織に入れる余地がなかったものと思われる。

アウェーの第1戦は広島の攻撃に押されながら、ラモスの乾坤一擲《けんこんいってき》のスルーパスで北澤豪が抜けてゴール、1対0で先勝した。国立競技場での第2戦、ラモスの出場が危ぶまれていたがフタを開けてみれば先発でプレーし、伝説的なループシュートで1対0と勝利する。ガリー・リネカーはこのシュートを「ミスキックではないか」と言っていたそうだが、ラモスが狙っていたのは明白で、得点場面以外でもループを狙っていた。おそらくループシュートしか狙えなかったのだ。もともと強いキックをするタイプではないが、足の状態が相当悪かったのだろう。

日本リーグ時代に読売クラブの監督だったペペから、ラモスの起用方法について「前線の左寄り」のアイデアを聞いたことがあった。ペペは「フェレンツ・プスカシュがそうだった。ベテランになっても技術や戦術眼は落ちない。運動量を減らして、相手ゴールに近い位置でのプレーに専念すれば40歳までやれるはず」と話していた。ネルシーニョによるラモスのFW起用は負傷から回復しきっていないという判断だと思うが、奇しくも同じブラジル人であるペペのアイデアを実現させたことになっている。

第2戦のポイントになったのは、試合中にネルシーニョが石川にかけた言葉だった。

広島は4－4－2のフォーメーション、右に韓国代表の盧潤廷（ノ・ジュンユン）、左サイドがチェルニーだった。ヴェルディの3－5－2は実質的には5－3－2で、盧には中村忠、チェルニーには石川がマンマーク気味に対応していた。ところが、試合途中で広島のバクスター監督は盧とチェルニーのスイッチを指示する。

盧とチェルニーでは、スピードのある盧のほうがヴェルディにとっては危険な存在だった。だが、中村は密着マークのスペシャリストで盧の監視役としてはうってつけ、盧は中村のマークに苦しんでいた。そこでバクスターはサイドの交換を指示して盧を中村のマークから解放しようとしたわけだ。

このとき石川に一瞬動揺が走った。中村は右利きなので、右サイドに移動して盧のマークを続行するのは問題ない。しかし、石川は完全な右利きで左サイドは不慣れだった。盧が自分のサイドに移動してきた時点で、石川は中村とサイドを交換するかどうか迷ったという。チェルニーについて左サイドに移動すれば、石川はあまりやったことのない左サイドでプレーしなければならない。だが、右サイドに残れば強力な盧と対峙することになる。そのとき、ネルシーニョがベンチから飛び出してきて石川にこう言ったそうだ。

「お前だぞ！」

サイドは変えない、盧はお前（石川）が抑えろという指示だ。

これで石川は「吹っ切れた」と言う。監督同士の采配という点では、バクスターが勝っていたといえる。盧と石川なら盧が有利という読み、ヴェルディの両サイドが入れ替わったとしても石川には不慣れな左サイドという問題が発生する。盧とチェルニーはどちらのサイドでもプレーできた。いわば王手飛車取りであり、ヴェルディは状況的に〝詰んでいる〟。だが、ネルシーニョの一喝で石川が開き直り、何とか盧を抑えきることができた。ネルシーニョの一喝には、責任は自分がとるというメッセージも含まれている。石川への信頼も伝わった。たったひと言ではあるけれども、選手の心理を読み切った力強い檄であり、瞬時に伝えたネルシーニョには凄みを感じる。

3シーズン目の95年はファーストステージ2位、セカンドステージはカズがジェノアから復帰、ゴールを量産して優勝する。しかし、チャンピオンシップでは横浜マリノスに敗れて3年連続の日本一を逃した。ヴェルディのピークもここまでだった。

筆者の私見だが、ヴェルディのピークはJリーグ開幕前だったと思う。ビスマルクの加入やネルシーニョ采配などカンフル剤を打ち続けて延命してきたが、95年にはいよいよ誤魔化しが効かなくなったという印象なのだ。偉大なパッチワークも1枚抜け、2枚欠ける中、修復ができなくなってしまった。Jリーグは、強力な個の組み合わせだけでは優位性を保てなくなる時期に移行していった。

第６章

オシムの芸術ジェフと日本が目指した未来

竜巻のようなサッカー

イビチャ・オシム監督がジェフユナイテッド市原（千葉）にやってきたのは2003年、日本代表監督になるまでの3年半指揮を執った。

ぶっきらぼうで近寄りがたく、練習メニューも当日に変更されるのでスタッフも混乱させられた。「ヘンな人が来ちゃった」というのが、選手たちの偽らざる心境だった。しかし、いざ開幕してみると快進撃が続き、もう少しでファーストステージに優勝するところまでいく（最終的には3位）。選手、スタッフのみならず、ファンからも敬愛されるようになった。

日本リーグの名門、古河電工を前身とするジェフはJリーグ開幕時からの〝オリジナル10〟ではあったが、オシム監督が05年のナビスコカップを獲るまでは無冠だった。オシムは初タイトルをもたらした監督になったわけだが、もし無冠に終わっていても偉大な指導者として記憶されたに違いない。ジェフを強くしただけでなく、他のどこもやっていないサッカーを見せてくれたからだ。

竜巻のようなサッカーだった。

その異質のプレースタイルに巻き込まれたら最期、バラバラに分解されてしまう恐怖感を対戦相手に与えるサッカーだった。あの時期に、あのサッカーをやっていたのは、Ｊリーグはもちろん世界的にみてもジェフだけだったかもしれない。

のちにマルセロ・ビエルサ監督の率いるアスレティック・ビルバオを見たとき、オシムのジェフと似ていると思った。11年の夏から2シーズン、バスクの雄を復活させたビエルサのサッカーもやはり竜巻のようで、ヨーロッパリーグ・ラウンド16では強豪マンチェスター・ユナイテッドを分解している。スーパースターはおらず、これといった補強もしていないのに、選手が急に進化したようにみえる点でも共通している。同じ印象を与えるチームとしては、ユルゲン・クロップ監督のボルシア・ドルトムントも挙げられる。

オシム監督がジェフに叩き込んだ戦法は、いってみれば弱者のサッカーである。選手の質やクラブの財政規模で太刀打ちできない相手でも倒す、そういう種類のやり方だった。そういえば、ビッグクラブの指揮を執らないという点でもオシム、ビエルサ、クロップは共通している。それなりのオファーはあったのに、なぜか首を縦に振らなかった。彼らが存分に腕を振るうなら、何もかも揃っているが何かと窮屈なビッグクラブより、中規模ぐらいのほうがやりやすいし、やりがいもあるのかもしれない。

ジェフでは、ついにリーグタイトルを獲れなかった。1年目はファーストステージ3位、セカンドは2位。2年目の04年はファースト7位、セカンド2位。1シーズン制になった05年は

4位、この年のナビスコカップで優勝した。最後のシーズンとなる06年は前半戦が終わったところで退任し、息子のアマル・オシムが監督を引き継いで11位、ナビスコカップに連覇している。

オシムは1年目でクラブ史上最高の年間3位を達成した。前年の戦績がファースト8位、セカンド11位だからチームを躍進させたのは間違いない。その後も上位に安定させ、ジェフはその間に強豪の一角にのし上がった。斬新な戦術も注目を集めた。ただ、ついにリーグ優勝は果たせなかった。ジェフのサッカーは年々進化しているのだが、順位としては1年目からほとんど変わっていない。魅力的なオシムのサッカーには明確な弱点もあったからだ。

オシムは3年半で一度もリーグ戦3連敗を喫していない。連敗も2度あるだけだ。チームは生き物で、いつも同じ状態ではいられない。滅多に連敗しないオシムは、常にそのときの状態に応じた手を打つ老練な監督だった。いかに名監督の称賛を浴びようと3連敗すればクビが飛ぶ現実を痛いほど知っていて、勝てば勝つほど用心深かった。しかし、勝負師というタイプではない。オシムの下でコーチを務めたこともあるミハイロ・ペトロヴィッチ（浦和レッズ監督）は「芸術家肌」と評している。リアリストの腕とロマンティストの心を持った監督というべきだろうか。

戦術にもそれがよく表れている。現実的なのに理想を追い、数学的なほど理詰めなのに容易に破綻もする。ジェフには明確な弱点があったと書いたが、それは強みと表裏一体でもあった。サッカーとは元来そういうものなのだけれども、オシムはまさにその狭間にいる人だったと思う。

マンツーマンと反転速攻

トレーニングのマイスターともいうべきイビチャ・オシム監督は、多彩なメニューで知られていた。選手が混乱するほどの〝多色ビブス〟を使ったパス回しの練習が有名になったが、それとは別の、あるメニューのほうがオシムの戦術をよく表していたと思う。

1対1から始まるその練習は、「どうして助けてやらないんだ?」という監督のひと言で、攻守ともにどんどん人数が増えていくという変わったものだった。攻撃側も守備側も人数が増え続けていくと、今度はあるタイミングでこう言うのだ。

「そんなに行ってどうする」

オシム監督のジェフは「走るサッカー」と呼ばれた。守備はマンツーマンで相手をマークするために走り、攻撃のときは走って数的優位を作る。ただし、「賢く走る」はさらに重要なポイントだった。相手より多く走り、それで数的優位を作るのはいいのだが、相手陣内に人数を投入しすぎてもスペースがなくなるだけである。そのときは前に出るだけではなく後ろにも人を残しておかなくてはならない。ボールもいったん後方に下げ、もう一度攻め直す。1対1から人が増えていくトレーニングは走ることと同時に、いつ走らないかを学ぶメニューであり、オシムの戦術を要約するとこうなるという練習だった気がする。

ジェフは他のチームとは違うサッカーをしていた。

見た目にはっきりしているのは、マンツーマンでの守備だ。リベロが1人余るほかは、中盤から後ろはすべてマンマーク、誰が誰をマークするのかもほぼ決まっていた。現在でもそうだが、当時はゾーンでブロックを作って守るやり方が主流である。ビム・ヤンセン監督のサンフレッチェ広島が一時、3-4-3のマンマークをやったことがあるぐらい。そのときも主力のハシェックが「このチームには無理だ」と言っていたとおり、あまり機能しなかった。ヨーロッパでも完全なマンマークはフランスのオセールと04年のユーロで優勝したギリシャ代表ぐらいしかない。ある意味、時代錯誤の守備戦術だった。

ところが、ジェフのマンマーク戦法は対戦相手を大いに困惑させる。マークのつかみ方が早く、ほぼフィールド全面でプレッシャーがかかるという点もさることながら、ボールを奪った後の反転速攻が厄介だったからだ。

ガンバ大阪との試合では、オシム監督が「ガンバの心臓」と形容したフェルナンジーニョに阿部勇樹をマンツーマンでつけた。阿部はフェルナンジーニョに密着して仕事をさせなかっただけでなく、攻撃時にはフェルナンジーニョを置き去りにして前に出た。フェルナンジーニョはあまり守備が得意なタイプではなかったから、阿部は再三フリーになってチャンスを作った。フェルナンジーニョだけでなく、優れたアタッカーには守備が苦手という選手が少なくない。アタッカーにとって、ぴったりとマークされるのも嫌だろうが、自分をマークしていた選手に攻撃に出られるのはさらに嫌なものだ。ジェフは攻守の切り替えが速く、さらにマークを捨てて飛び出していくランニングの距離も長かったから、相手は振り切られてしまうことが多かった。

1対1で優位といえるほど、ジェフにタレントが揃っていたわけではない。しかし、反転速攻で数的優位を作って攻め込むのは上手かった。数的優位を作り、それを生かす、そのための訓練はたっぷり積んでいた。「どうして助けないんだ?」というオシムの声が、選手たちの頭の中で常に響いていたのだろう。

走るジェフに、対戦相手は面食らった。徹底したマンマーク戦術は当時のJリーグにはなかったから、まずそこでどうしていいかわからなくなる。パスをつなごうとしても、ことごとく厳しくマークされているので通常のビルドアップができない、無理につなごうとすると猟犬のようなジェフの選手たちに追い立てられてしまう。相手のパスやドリブルを引っかけて1、2本のパスでフィニッシュという形は初期段階でメインの攻め手だった。ただ、さすがに相手にもジェフのやり方がわかってくる。切り替えの速さ、スペースへ飛び出していくランニング、サポートのスピードにも何とかついていけるチームは出てきたし、最初から引いて守るチームも現れた。

相手に引かれてスペースを消されたときは、「そんなに行ってどうする」のほうの攻め方になる。

オシム監督は後方の攻撃起点としてイリヤン・ストヤノフを獲得した。阿部とストヤノフのどちらかが後方に残り、引かれたときはいったん後方でキープしてからストヤノフか阿部から正確なロングボールをサイドへ振り分けた。引いてブロックを作った相手は、ジェフがボールを下げたのに対応してディフェンスラインを上げる。トップからボトムまでをコンパクトにしてスペースを消す守備は、このころのJリーグにはすっかり浸透していた。コンパクトに守られると、そこを通過するだけのパスワークはジェフにはない。そこで、相手の人数の少ない後方でいったんボールを確保し、その間に前線のサイドいっぱいに坂本將貴や山岸智を張らせて、阿部やストヤノフから斜めのロングボールを供給した。相手はボールサイドへスライドしながら守るので、どうしても逆サイドのサイドバックの外側にはスペースが空く、そこへ長いボールを届けてしまえば、1人抜いただけでディフェンスラインの裏へボールを運んで相手を背走させることができる。緻密なパスワークで密集を通過するのではなく、ロングパス1本で決定機へつなげるパターンを持っていた。

厳しいマンマークで奪ってから人が湧いて出てくるようなカウンター、相手に引かれたら後方へ下げてプレッシャーの少ない最後尾付近のストヤノフ、阿部を使った展開、速攻と遅攻の分岐点は「どうして助けないんだ?」と「そんなに行ってどうする」の間にあるわけで、その感覚は普段のトレーニングから研ぎ澄ませていた。阿部やストヤノフにプレッシャーをかけてくれば、GKもビルドアップに加わってパスを回し、相手を前掛かりにさせて間隙をついた。GKも含めたパス回しはいまでこそ多くのチームが採り入れているが、オシム監督のジェフは最も早くからそこに着手していた。

トータルフットボールの理想

「理想はトータルフットボールだ。ただ、近づくことはできても実現はできないが」

イビチャ・オシム監督が「トータルフットボール」を理想とし、それに近づこうとしていたのは確かだと思う。実現不可能と言った理由はよくわからないが。

トータルフットボールは現代では死語になりかけているが、70年代にはよく使われていた言葉だった。1972年のユーロに優勝した西ドイツ、74年西ドイツワールドカップ準優勝のオランダがトータルフットボールと呼ばれていた。それ以降は言葉が一人歩きするように〝理想的なサッカー〟という意味合いでも使われるようになっていくが、オシム監督の言ったトータルフットボールは70年代に実在していたものを指していたと思われる。

70年代の西ドイツやオランダの守備はマンツーマンでリベロを余らせる形で、ジェフと同じだった。トータルフットボールと呼ばれていたのは、攻守分業ではなく、多くの選手が攻守両面に関わる割合が大きかったからだ。例えば、西ドイツの左サイドバックだったパウル・ブライトナーは相手の右ウイングをマークするだけでなく、攻撃時には中盤で組み立てに関わり、突破やシュートの場面でも力を発揮するオールラウンドプレーヤーだった。フェルナンジーニョをマークした阿部が攻撃に出て効果的だったように、ブライトナーの攻撃参加は相手にとって非常に厄介だったに違いない。

サイドバックの攻撃参加は今日では当たり前だが、ブライトナーの場合はそれとも少し違っていた。左タッチライン際に出て行くだけでなく中央にも動いていた。90年代からのサッカーはゾーンが主流になった。昔のような攻守分業ではないにしろ、地域分業にはなっている。70年代のトータルフットボールは地域の割り当てが大まかにしか決まっていなかった。地域ではなく基本的には人についていた。マークする相手が動けば、それについて守る場所は変わるのでキックオフのときに左サイドにいる選手がずっと左にいるとは限らなかったのだ。

マンマークの利点の1つは、マッチアップが不利になりにくいことである。例えば、ゾーンではスピードのない選手の守る場所に速い相手が入ってきてマッチアップが不利になることも起こるが、マンツーマンなら最初から速い相手には速い選手がマークすればいい。ユーロ04に優勝したギリシャはそれで効果を上げていた。ただ、ギリシャはヨーロッパチャンピオンになってもトータルフットボールとはいわれていない。彼らはもっぱら守っているだけだったからだ。

西ドイツやオランダは、ボールを持ったときは攻撃に出た。そこがギリシャとの大きな違いである。西ドイツならベルティ・フォクツやゲオルク・シュバルツェンベックといったエースキラーと呼ばれた選手でさえ、攻撃時にはかなり前へ出ていた。彼らは守備のエキスパートで、ブライトナーのような攻撃力はない。それでも決然と攻撃に参加していた。オシムが頻繁に言っていた「リスクを冒す」チームだった。ここがトータルフットボールか否かの分岐点の1つといっていいかもしれない。そして、だからこそ「近づくことはできても実現はできない」

のだろう。

ブライトナーやフォクツがマークを置き去りにして前に出るということは、相手にボールを奪われたときは置いてきた相手がフリーになっていることを意味する。戻って自分のマーク相手をつかまえる時間があればいいが、そうでないときは他の選手にマークを受け渡すことになる。試合のテンポが上がって攻守が頻繁に入れ替わる展開になると、その場に応じてマークを受け渡す頻度は増す。しかしそうなると、わざわざ相手を決めてマークするマンツーマンの利点もなくなってしまうのだ。

フィールドプレーヤー全員に同等の守備力があれば問題ないが現実にはそうではない。オールラウンドプレーヤーが臨機応変に攻守に参加する完全なトータルフットボールは理想ではあっても、実際に皆がオールラウンドでない以上、常に弱点も抱え込む宿命にあったといえる。誰もが機に応じて自由に攻め、守る、トータルフットボールの魅力と威力を大きくすればするほど、全選手が完全なオールラウンドではないために避けられない弱点も大きくなってしまう。

だが、オシム監督は実現不可能と知りつつ、「近づく」道を選んでいる。つまり、リスクを承知でより高い理想へ踏み出しているわけだ。その姿勢は極めてロマンティックだった。しかし、プロは勝ってナンボだから効力と破綻の際を見定めなければいけない。その点、3連敗しない監督オシムはリアリストでもあったわけだ。いきなり理想に近づこうとするのではなく、少しずつにじり寄るように近づいていった。

ジェフの弱点は、簡単にいえばカウンターに弱かったことだ。反転速攻に出たところでボールを失うと、今度はカウンターのカウンターを受けるはめに陥る。近場の選手からマークをつかんで何とか体裁は整えなければならないが、どうしても捕まえきるまでに時間がかかった。また、そのときに相手と対峙する選手が必ずしも守備力があるともかぎらない。ゾーンの連係がないのでカバーリングもあまりアテにできず、とりあえず遅らせるという対応になり、相手を捕まえきったときはほぼ自陣ゴール前という状況になりがちであった。

ただ、その弱点を差し引いてもジェフは強かったし、ダイナミックな攻守は魅力的だった。リスクを承知で、ぎりぎりまでゲームをテンポアップしている。速いマークのつかみ、素早い反転速攻、さらにマークの受け渡し、受け直し……対戦相手の技術が高いときほどテンポアップはジェフに有利に働いた。フィールド上が混沌として整理がつかないほどの状態になればなるほど、技術の差は消滅し、運動量の勝負に傾く。それに慣れているのはジェフのほうだったからだ。そこには弱点をさらけ出すリスクも当然あるわけだが、リスクを増大させながらトータルフットボールへ向かっていった。

乱戦に持ち込んで彼我の差を相殺して勝機をつかむ、だから戦い方としては弱者のやり方ともいえる。しかし、３年半の間にオシム監督は少しずつプレーの比重を変えている。「うちは相手にサッカーをさせないことで成り立っているチームだが、自分たちでプレーできるようになりたいものだ」

これは04年ファーストステージで横浜Ｆ・マリノスに３対０と快勝した後のコメントである。「就任以来、最高の試合だった」と言っていたが、まだまだ先があると考えていたようだ。相手のサッカーを壊すだけでなく自分たちがボールを握ってプレーしたい、オシム監督はそうしたチームとして鹿島アントラーズ、横浜ＦＭ、ガンバ大阪らの名を挙げることもあった。

実際、ジェフでの最後のシーズンとなった06年は、ジェフがボールを支配する試合が増えている。そのことで、かえってボールを動かして崩しきるための技術と創造性の不足が顕在化したり、相手のカウンターへの対処に苦心することにもなるのだが、それはもっぱらアマル・オシムに監督を引き継がれた後に露呈した課題だった。ちなみにアマル監督は部分的なゾーンディフェンスとオフサイドトラップを採り入れてカウンターへの対策としたが、父イビチャならどうしていただろう。たぶん11位まで順位を落とさずにすんだと思うのだが、いずれにしてもオシムのジェフでの３年半は終わり、ジェフがそれ以上トータルフットボールに近づくこともなかった。

未完の大作

イビチャ・オシムは天才的な監督である。そういう監督が去った後は、たいがい苦労するものだ。ジェフも例外ではなかった。

アマル・オシムを次の監督に据えたのは、父であるイビチャ・オシムのサッカーをクラブとして継承するつもりがあったからに違いない。ところが、それは上手くいかなかった。2007年を13位で終えると、アマル監督は解任された。このシーズンの途中、ストヤノフは公然と監督批判を行い、クラブから謹慎処分を受けた後にそのまま退団する出来事もあった。

アマルはすでにジェリズニチェルを2度優勝させた実績があり、ジェフを解雇されて母国に戻ってからも3度のリーグ優勝をもたらしている。ジェフのコーチに就任したとき、父は嫌がっていたというが、息子の指導者としてのキャリアはすでにかなりのものだったのだ。親子ということを抜きにしても、イビチャ・オシム監督のチームを継承するには悪い人選ではないように思えた。ところが、息子は父とはかなり違うタイプの監督だった。

息子が父と違っていたのは戦術面ではなく、マン・マネジメントの部分だ。中心選手のストヤノフが反旗を翻したように、選手を統括しきれていない。老練な父と若い息子の経験の差といえばそうかもしれないが、人心掌握という以前のところに問題があった。練習時間に平気で遅刻する、練習試合を寝そべって観戦する……よくいえば大らかなのだろうが、人間的にも尊敬されていたイビチャとのギャップは大きすぎた。

アマル監督は、イビチャ前監督がやりかけた仕事を継承している。相手にプレーさせないチームから、自分たちがプレーするチームへ、その移行期にバトンを渡された。ジェフはボールを支配して主導権を握れるようになっていく半面、いままでとは逆に相手チームのカウンターに悩まされている。アマル監督には過渡期のチームを預かった難しさがあった。だが、それとは別にチームを掌握しきれなかった。08年はヨジップ・クゼ監督でスタートしたが1勝もできないまま最下位に低迷、5月にクゼ監督に代わったアレックス・ミラーは守備を重視したスタイルで何とか降格を免れはしたが、もはやオシム監督時代の面影はまったく残っていなかった。

もし、イビチャ・オシムが引き続き監督を続けていたら、ジェフはどうなっていただろう。歴史にifはないわけだが、少しだけ想像を膨らませてみる。

実は、ジェフの後に監督となった日本代表チームにヒントがあると思う。「自分たちでプレーできるようになりたいものだ」と話していたサッカーは、07年のアジアカップで具現化されていたからだ。

この大会での日本は4位に終わっている。UAEとベトナムには勝ったが、カタール、オーストラリア、韓国に引き分け、サウジアラビアに負けているのだから不本意な結果といっていいだろう。ただ、どの試合でも日本はボールポゼッションで相手を圧倒し、より多くのチャンスも作っていた。

中村俊輔、遠藤保仁、中村憲剛という3人のクリエイティブなMFの能力を最大限に生かす戦い方だった。駒野友一と加地亮の両サイドバックは常に前線まで駆け上がることが要求され、それで相手のラインを引き下げてバイタルエリアを広げている。3人のプレーメーカーの働き場所を確保するためだ。ただボールを支配するだけでなく、創造性を生かすための仕掛けとしてハードワークを利用したのはオシムらしい。このアジアカップのチームは、10年南アフリカワールドカップのベースになるはずだった。しかし、オシムが脳梗塞で倒れたために監督は岡田武史に交代、オシムの日本代表は未完のままに終わる。

ジェフと日本代表、日本でオシム監督が率いた2つのチームにはあまり共通点がないようにもみえる。だが、ここに90年イタリアワールドカップのユーゴスラビアを加えると、ジェフと日本代表の間に〝つながり〟がみえてくる。

90年ワールドカップでオシム監督が率いたユーゴは、連邦共和国としては最後のユーゴだった。準々決勝でアルゼンチンとのPK戦の末に敗退しているが、この試合でディエゴ・マラドーナのマークという大役を命じられたサバナゾビッチを前半に退場で失い、10人で延長を戦いながらアルゼンチンと互角以上に渡り合った。

この試合のユーゴはストイコビッチ、スシッチ、プロシネツキという3人のクリエイティブなMFを併用している。2人の中村と遠藤を並べたアジアカップと同じだ。一方で、マラドーナ番にサバナゾビッチを張りつかせた3－6－1のフォーメーションは守備に厚く、そこからの反転速攻と後方からの長い距離を走っての飛び出しは、のちにジェフがやったサッカーそのものといっていい。つまり、90年のユーゴはジェフとアジアカップの日本を合わせたようなチームだった。

もし、オシム監督が引き続きジェフを率いていたら。もし、日本代表監督であり続けていたら。2つの疑問の答えは、たぶん同じではないだろうか。

代表監督に就任したオシムは、自分が育てたジェフの選手を招集して「千葉枠」と呼ばれたが、ガンバ大阪の選手たちもお気に入りだった。「ジェフとガンバを合わせたようなチームを作りたかった」とのちに話していたが、もうこれが答えなのだと思う。

日本代表もアジアカップまではジェフ的なチーム作りだった。マンマークと反転速攻、フィールドにカオスを持ち込んで先手をとるスタイルだ。しかし、アジアカップではポゼッション型にモデルチェンジした。おそらく対戦相手が守備を固めてくると予想できたからだろう。開催地のベトナム、タイ、インドネシア、マレーシアの蒸し暑い気候も考慮したのだろうが、最初から引いてしまう相手を攻略するためにはクリエイティブな選手が必要だった。

だが、ワールドカップ本大会を想定した場合、アジアカップとは相手が違う。少しジェフ的な戦い方に戻すつもりだったのではないか。ストイコビッチとスシッチを2シャドーに置き、ボランチの一角に配球力の高いプロシネツキを起用したように、2人の中村と遠藤を併用し続けたかどうかは微妙なところだ。

オシムは「もっと危険なプレーをすべきだ」と、中村俊と遠藤に注文をつけていた。もっと相手ゴールに肉薄してほしいと考えていた。同時に、守備力をどれだけ高められるかも課題に挙げていた。アジアカップの戦術をジェフ寄りに修正するとしたら、この2人は2シャドーとしてプレーするかもしれない。そのときにはもっとゴールに近いところで仕事をする必要がある。一方、ジェフ的な守備をするにはもっと守備力を上げなければ難しかっただろう。3人のプレーメーカーを使い続けたかどうかは、3人の進化の具合と対戦相手との力関係から落としどころを探ることになったのではないかと思う。その見極めには自信も持っていたはずだ。

ジェフには、より創造性が必要だった。オシム監督が率いて3年を経過したとき、対戦相手はジェフを恐れて守備を固めるようになっていたからだ。ジェフのアタッカーはすでにマンツーマンで相手を抑える守備はできている。しかし、中村俊や遠藤のようなクリエイティブな

MFはいなかった。実は、ガブリエル・ポペスクやネボイシャ・クルプニコビッチといったパサータイプの選手は補強し続けていたのだが、主力に定着するまでには至っていない。クリエイティブなMFは羽生直剛だけという状態が続いていた。ただし、若手には水野晃樹や工藤浩平もいたので、どこかでチームの色合いを「自分たちでプレーする」ほうへ変えていったのではないか。私見だが、アマル監督はこの点で少し急ぎすぎたのではないかと思う。

ジェフと日本代表は、どちらもオシム監督の構想からすれば道半ばの感が強い。常に理想を追いながらも現実と折り合いをつけてきた監督だから、どちらも続けて指導していれば、それなりにボールを持っても持たれても強いチームに進化していたかもしれない。インテンシティ（強度）とクリエイティビティ（創造性）、ロマンとリアリズム、常に2つの間に着地点を見出してきたマエストロの作品が未完に終わったのは何とも残念である。

第７章
横浜フリューゲルスの早過ぎたバルサ化

世界に先駆けてのバルサ化

世界中がバルセロナに注目するようになってから、すでに数年が経過している。メッシのいないバルサのようなスペイン代表との相乗効果で、バルサ・スタイルは戦術の大きな流れを作るに至った。あのサッカーが好きな人も嫌いな人も、無視できない存在になった。

模倣を試みたチームも数知れない。イタリアのASローマが、バルサBの監督だったルイス・エンリケを招聘して〝バルサ化〟にチャレンジしたこともあったし、プレミアリーグのスウォンジーはブレンダン・ロジャーズ、ミカエル・ラウドルップと監督を代えながらも一貫したポゼッション・スタイルを指向している。

カテナチオの国であるイタリア、ロングボールの伝統があるイングランドで、ローマやスウォンジーは異色の存在だった。しかし、それもそう珍しくないと思えるぐらい、バルサ化は大きな潮流になっていた。日本にもバルサ・スタイルの影響はある。選手もコーチもバルサのサッカーを素通りすることはできず、コピーに走らないまでも何らかの影響は受けている。

実は、Jリーグのクラブがバルサの完全コピーを試みたことがあった。

1998年、この年で消滅してしまった横浜フリューゲルスである。バルサ・スタイルの骨格である〝ドリームチーム〟で、ヨハン・クライフ監督の補佐役を務めたカルレス・レシャックを監督に招聘していた。

ドリームチームは現在のバルサの土台になっている。レシャックはバルサの名選手で、その後クライフの参謀役となり、監督や育成部門の長を務めるなど、クラブの生き字引のような人物だった。横浜フリューゲルスの後はスペインに戻ってバルサの監督も務めたし、育成の仕事をしているときにメッシと契約したのもこの人だった。バルサ・スタイルを導入するには、これ以上のガイド役はいないといっていい。今にして思えば、世界に先駆けての野心的なプロジェクトだったわけだ。

ポジションとポゼッション

「最初の練習からパス回しでした。ハーフコートを使っての10対8だったかな。それで回してみろと」

プロ1年目だった遠藤保仁にとっては、忘れられない光景だったに違いない。

「やり始めたら、人がグルグル動きはじめてしまって、どこへパスを出せばいいんだという状態になった（笑）。そうしたらレシャック監督が笛を吹いて止めて、1人ずつポジションにつけ始めたんです」

パスを回せと言われたら、ボールではなくて人が回ってしまった。人が動きすぎてゴチャゴチャになりカオスになった。カルレス・レシャックはそれを整理するところから始めている。

「サッカーの見方が変わりました。衝撃といったらいいですかね」（遠藤）

日本ではよく〝人もボールも動くサッカー〟といわれる。しかし、バルセロナの考え方では動くのはボールであって人ではない。むしろボールを動かすためには、人が動きすぎてはいけないというのが彼らの戦術になっている。

運動量でパスを回すのではなく、ポジショニングで回す。つまり、量より質の問題であり、質が良くなれば無駄がなくなるので、むしろ量は増えないというのが彼らの考え方なのだ。選手たちにはカルチャーショックだったに違いない。日本ではあまり質は教えられず、もっぱら運動量を増やすことが強調されていたからだ。多くの選手がユース年代を過ごした高校サッカー部の発想はバルサとは正反対だった。たくさん走るのが良いサッカーと教えられてきた選手にとって、むやみに走るだけでは意味がないと説く指導者は新鮮でもあった。

もともとクライフやレシャックにバルサの戦術を語らせると、逆説を言っているように聞こえることがある。

「走らないのが、良い選手だ」

世間の相場は逆である。だが、彼らは奇をてらっているわけではない。彼らにはそれが正論なのだ。正しいポジショニングと正確なパス、それが繰り返されると運動量は減る。運動量を増やすのが先ではない。

「ポジションについて、少しの動きでパスをもらう。プロの練習って、こんなに楽なのかと思いましたよ」(遠藤)

体力的には楽だったが、3~5メートルの動きでパスをつないでいくために、パスの質は追求された。ただ、レシャックは当時を振り返って、「日本の選手は技術も体力もあった」と話している。

「足りないのは戦術。ポジショニングでした」

パスを回せる技術、体力はあったが、その「やり方」を知らなかったと言う。

「例えば、DFからFWまで、ワンタッチパスだけでつないでいけと言うと、それは無理だという反応がありました。しかし、正しいポジションとパスの回し方さえ知れば、彼らにも可能だったのです」(レシャック)

レシャックが教えたのは、簡単にいえばラインを増やすことと、その使い方だった。

例えば、DF、MF、FWの3ラインしかなければ、DFからMFにパスをつないでしまうと、次のワンタッチパスはDFへのリターンになってしまう。前につなぐには、DFからFW

へのロングボールしかない。レシャックは3ラインの間にも別のラインを作り、そのラインをとばしての斜め前へのパス、続く斜め後方へのパスを繰り返すことで、ワンタッチのショートパスを使って確実に前進できると説明している。

このあたりの理論はまさしく理詰め。パスをつなぐために動けとは指導されてきても、どう動き、どういうパスを出せばいいのかを知らなかった日本の選手にとって、レシャックの指導は目から鱗だった。

実際、横浜フリューゲルスのパスは回り出す。連続で40本もつながることさえあった。ただ、パスをつなぐと決めて数週間でチームが変貌することは、実はそれほど珍しくない。マルセロ・ビエルサ監督が就任したときのアスレティック・ビルバオがそうだったし、ルイス・エンリケのASローマも同様。その他知る限り、プロのチームでパスを回そうとしてポゼッションがいっこうに高まらなかったという例はあまりない。問題はここからなのだ。

理解しても浸透せず

カルレス・レシャックは日本人の技術について「テクニックはあった」と話していたが、実際には彼の要求する水準に達していたわけではない。

横浜フリューゲルスのコーチだったゲルト・エンゲルスは、

「フィロソフィーはいいんだけど、選手が実現できないところはありました」

と言う。しかし、選手ができなくてもレシャックはやり方を変えなかった。

「できるできないは度外視している感じでした。サッカーのスタイルを変える気は全然なかったみたいです」（エンゲルス）

例えば、前述したようなラインをとばすパス。レシャック監督が〝講義〟して、トレーニングでやってみれば、選手はなるほどと納得した。だが、実際に試合でやってみるとミスが出る。理屈はわかっていてもノーミスでやれる技術水準に達していなかった。

「フォーメーションは3－4－3で、選手が横並びにならないように指導していましたから、だいたいラインは7本ぐらいある。2つ3つラインをとばして1つ下げる。そういう練習をずいぶんやりました」（エンゲルス）

ところが、当時プレーしていた波戸康広によると、

「わかっていても、必ずしもできなかったです。つなごうとしてミスになって、そこから失点するパターンが多かった」

それでもレシャック監督は選手のレベルに戦術を合わせようとはしなかった。彼はいわばバルサ・スタイルの伝道師で、プロフェッサーであり、その〝講義〟は選手を感動させるほどだったが、現実が理想についていけなくても手はさしのべなかった。理屈と現実のギャップをどう埋めるかに関しては、ほぼ無関心だったといっていい。

「それでも練習の成果は出ていたんです。足りなかったのは守備面です」（エンゲルス）

守備に関しては、ほとんど練習していなかったと当時の選手は口をそろえていた。

「そもそもパスをつなぐことを優先しているので、守備の強い選手が少なかった。守備面でリスクのあるサッカーなのに、そのリスクを負いきれなかった」（波戸）

「バルサのサッカーをやるには、守備を相手に合わせなければいけないんですが、そのための細かい修正ができなかったですね」（エンゲルス）

よく勘違いされているが、バルサのサッカーはフォーメーションありきではない。ドリームチームの代名詞だった3―4―3も、

「相手に4―4―2が多かったから」（レシャック）

守備におけるフォーメーションは基本的に相手に対応する。相手がどうでも自分たちは同じ

やり方というのではなく、相手の形に合わせ、ＤＦを１人余らせる。フリューゲスルでは、その細かい修正ができなかった。

「強力なウイングで相手を牽制する力も足りなかった」（エンゲルス）

ここはバルサ方式の肝になるところなので補足する。相手のフォーメーションに合わせて守備をするが、ウイングのポジションだけは放棄しない。数的優位を作るポイントになるからだ。相手が４バックの場合、ウイングが両サイドバックを押さえてしまえば、そのラインより前に相手のセンターバックは出られない。サイドバックがラインの最後尾では、中央がぽっかり空いてしまうからだ。つまり、ウイングが高い位置でサイドバックを押さえ込んでしまえば、ディフェンスライン全体がその位置で止まる。ディフェンスラインを止めることで、ボールを奪われたときに前がかりのプレスがかけやすくなる。さらに、攻撃面で強力なウイングプレーヤーがいれば、それだけで相手のサイドバックの前進を制御することもできる。しかし、その前提となるウイングの脅威がやや足りなかったかもしれないというのが、エンゲルスの見立てだった。

プレスをはがされたときの処方箋もなかった。前からプレスしろとは言われても、それで奪えないときの次善の策がない。

「僕は右ウイングだったので、前から行け行けと言われてました。ただ、ちょっとはがされる

とスコスコいかれてましたね」（波戸）

今だったら合っていた

結局、カルレス・レシャックが持ち込んだバルサ・スタイルは、当時の横浜フリューゲルスにはハードルが高すぎたのかもしれない。

1998年のファーストステージは8位。序盤の低迷から脱した後は7連勝だったので、セカンドステージへの期待が膨らんだものの、セカンドステージで守備が破綻。レシャックは9月で辞任した。

「最初に守備から入っていれば、また結果は違ったかもしれませんね。まずポゼッションから入っていって、守備に着手する前に終わってしまった感じです。1年通してやったらまた違ったかもしれませんが、DFの補強は必要だったでしょうね。選手としてはむしろ申し訳ない気持ちでした」（波戸）

もともと攻撃は強いが守備が弱点というチームだった。

「今はDFからパスをつなぐのが当たり前ですけど、当時のDFは高さや強さだけでやってい

る選手が多かった。危なくなったらどうしても蹴ってしまう。つなぐ方法は教わっていても、試合では表現できなかった」（波戸）

レシャック監督は、もしダメだったときはどうするかというセーフティーネットを張らず、いきなりバルサ・スタイルを導入した。そこに関しては監督の責任である。

「ボールポゼッションを70パーセント前後とれれば、試合の80パーセントぐらいは勝つことができる」（レシャック）

それがバルサの哲学の根本なのだが、パスが回るようになったぐらいでは70パーセントという数字には達しない。異常にパスが回り、そのうえに早くボールを奪い返す守備力がなければ70パーセントにはならないのだ。

バルサ化が上手くいかない理由を列挙してみよう。

①ポゼッションが60％程度にしかならない
②前線からのプレスがハマらない
③押し込んでも崩せない
④崩しても決定力が低い
⑤カウンターに弱い

そこそこボールは持てるが、引かれたら崩せず、決定力も低く、プレスはハマらず、カウンターに弱い。これではむしろ負けやすいチームになってしまう。守備とカウンターが得意な相手にとっては絶好のカモだろう。

「面白いサッカーにはなったけど、試合には負けていた」（波戸）

では、今のJリーグならばレシャックのサッカーを消化できるだろうか。

「今だったら合っていると思います。当時は先を行っていたのでしょうが、日本では難しかった。ただ、フリューゲルスに植え付けようとしていたことは、まさに今のバルサでした」（波戸）

1998年に〝今のバルサ〟は存在しない。今のバルサとは、2008年のジョゼップ・グアルディオラ監督からのバルサだ。メッシやチャビがいて、「これぞバルサだ」とカタルーニャの人々が認めるチームだが、実はそれ以前に誰もそんなバルサを見たことはない。グアルディオラ監督がドリームチームと同じ原則でチームを作ったのは確かだが、彼のバルサはドリームチームよりもずっと強く、完璧である。クライフとレシャックのチームは伝説化しているが、ポゼッションが70パーセントを超えることなど滅多になかったし、守備は今のバルサと比べれば相当に粗かった。時代が違うとはいえ、完成度に差があるのだ。

むしろ、現在のバルサがあるからこそ、ドリームチームの価値が再認識されているところもあると思う。あのチームが目指していたもの、実現されなかった理想が、実はこれだったのかと今になって気づくからだ。

横浜フリューゲルスの試みの斬新さも、今になってみればという話である。

第８章
ジュビロ磐田のN−BOX

Jリーグ最強の戦術

Jリーグ21シーズンで最強のチームはどこか。

1993、94年に連覇したヴェルディ川崎はJリーグ開幕以前からの強豪で、三浦知良やラモス瑠偉を擁した人気クラブでもあった。最多7回の優勝を誇る鹿島アントラーズはJリーグ21シーズンの歴史で最も安定した強さを維持してきたチームである。アジアチャンピオンズリーグ優勝でアジアの頂点まで上り詰めた浦和レッズ、ガンバ大阪も1つの時代を築いた。

しかし、戦術的な斬新さやプレーの質、与えた衝撃という面では「N-BOX」と呼ばれた2001、02年のジュビロ磐田ではないだろうか。

N-BOXの「N」はこのシステムの中心になった名波浩を指している。名波を中心にサイコロの「5」の目のようにMFがポジションをとっていた。当時の鈴木政一監督が01年シーズンの開幕前に方針を打ち出したとき、選手間では「難しい」という懸念もあったそうだ。ところが、この独自のシステムを手の内に入れると年間で26勝1分3敗という抜群の戦績を残す。この01年はファーストステージを制しながら、チャンピオンシップで鹿島に敗れ、ナビスコカップも準優勝と無冠に終わったが、翌02年は前後期とも優勝の完全制覇を達成した。

N－BOXを構成する主力メンバーはGKがオランダ人のヴァン・ズワム、DFは3バックで田中誠、鈴木秀人、大岩剛。ダイス型のMFは服部年宏と福西崇史が2ボランチ、攻撃的MFに藤田俊哉と奥大介（または西紀寛）。この4人のMFの中心に名波が位置する。2トップは中山雅史と高原直泰。フォーメーションは3－5－2なのだが、サイドに特定の選手を置かない変則的な形になっている。この特殊なフォーメーションの狙いは何だったのか。当時守備の中心だった田中誠氏に振り返ってもらうと、

「守備ではまず中を固めてサイドへ誘導し、サイドへボールが出たら一気にボールサイドへ移動してプレッシャーをかけて奪いとる。逆サイドは相手が余っていたし、最終ラインも数的同数になるのですが、なるべく高い位置でプレスして奪うというのが目的だった」

高い位置でプレスして奪いたかったのは、当時の磐田が攻撃的なチームで人材も揃っていたからだ。藤田、名波、奥の3人のMFを生かすには、誰かを外に張らせるよりも中央寄りでプレーさせたほうがいいというアイデアだ。ダイス型の中盤はMFの特徴を生かすためだった。パスワークはすでに高いレベルに達していたので、なるべく早くボールを奪いとって攻撃時間を長くしたかった。

攻撃力に秀でた選手が多いので、攻撃するために早くボールを奪う。この発想は70年代に〝トータルフットボール〟と呼ばれたアヤックスの戦術が生まれた理由と同じである。リヌス・

ミケルス監督は「攻撃的なチームだったので攻撃時間を増やすために最短時間でのボール奪取を考えた」という。

磐田にはもう1つの理由もあった。世界クラブ選手権に出場する予定だったからだ。99年アジアスーパーカップのタイトルを獲得していた磐田は、01年にスペインで開催予定だった世界クラブ選手権に出場が決まっていた。この第2回世界クラブ選手権には12チームが参加を予定していて、チャンピオンズリーグ優勝のレアル・マドリードやリベルタドーレス杯の覇者であるパルメイラス、ほかにもボカ・ジュニアーズ、ガラタサライ、ロサンジェルス・ギャラクシーなどが参加予定だった。結局、世界クラブ選手権は広告代理店の倒産によって実現不可能となり開催されなかったのだが、磐田の鈴木監督はレアル・マドリードとの対戦を想定し、守備で数的優位を作る戦い方としてN－BOXを考えたという。当時のレアル・マドリードといえば、ジネディーヌ・ジダンが加わり、ルイス・フィーゴ、ラウル、ロベルト・カルロスらを擁し、銀河系軍団が本格化したころである。実際にレアルと対戦したらどうなっていただろう。

「いや、たぶんやられていたと思いますよ。そんなに甘くないでしょう」（田中誠）

ただ、当時の磐田が世界クラブ選手権という目標を掲げてチャレンジした結果、Jリーグで大きな花を咲かせることができたのかもしれない。

不可欠だった「N」

N－BOXの名称はジュビロ磐田が自ら名乗ったわけではなく、週刊サッカーマガジンが名付けたものだった。このネーミングは絶妙だ。名波浩を中心としたダイス型のMFは、実際に名波ありきの戦術でもあった。

名波が負傷で離脱したときにはN－BOXは使っていない。それでも磐田は勝ち続けていたのだが、N－BOXは名波なしで機能させるのは難しかった。名波はフィールド全体を把握できる俯瞰的視野の持ち主で、そのうえでその場の状況を的確に判断する能力が抜群だった。N－BOXは守備においてはリスクの高いシステムなので、司令塔・名波がいないとリスクだけが増大してしまう危険があった。

例えば、相手のサイドバックへボールが入ったときのN－BOXのプレスのかけ方で考えてみよう。

2トップの中山雅史、高原直泰のチェイシングでボールがサイドバックへ出た、磐田は藤田俊哉が相手の左サイドバックにプレッシャーをかける。ここでダイス型の中盤は一気に右へ移動してパスの出口を塞ぎ、相手からスペースと時間を制限してボールを奪ってしまおうというのが狙いである。しかし一方で、ボールサイドへの集中的なポジション移動は逆サイドがまる空きになるリスクと表裏一体だった。

通常プレッシングを行うときでも、最終ラインには1人の数的優位を確保する。そうすると、相手のフィールドプレーヤーの誰か1人はフリーにしなければならない。このケースでいえば相手の右サイドバックが意図的にフリーにする選手である。ところが、N－BOXのプレスではボールをとりきってしまうことを優先していたので、ボールとは反対サイドのサイドバックだけでなく、MFまでフリーにしてしまうことがあった。ボールサイドでの数的優位を重視すればするほど、ボールと反対サイドはどうしても手薄になる。逆サイドに2人もフリーのまま放置しているのなら、何としてもサイドチェンジだけは阻止しなければならなかった。

しかし、常にそれが可能かは状況次第なのだ。磐田のプレッシング時のマッチアップを左サイドバックvs藤田、左MFvs福西崇史、左ボランチvs名波と想定してみる。藤田は相手の左サイドバックに猛然とプレッシャーをかけていく。タッチライン沿いに縦パスを受けようとする相手の左MFには福西がマークしている。そして、左サイドバックの横からサポートするボランチは名波がみている。文字で書けば、状況的には詰みだ。しかし、実際のフィールドではそうとはかぎらない。藤田が寄せきる前にサイドバックが縦パスを出し、福西にマークされているMFがワンタッチでリターンする。サイドバックが藤田と入れ替わるように斜め前に動いてリターンを受ければ、わずかな時間ではあるけれどもフリーになれる。顔を上げる余裕が生まれ、サイドチェンジのパスを蹴るかもしれない。そうなったら磐田は一転してピンチを迎えることになる。つまり、相手をピッタリとマークしているだけでプレスがハマるとはかぎらない。

ここでカギを握るのが3人目の選手、つまり名波だ。ボールを持っている選手、その選手より前でパスを受けようとしている選手、この2人を厳しくマークするのは当然で、それがなければプレッシングにならないわけだが、前述したように厳しくプレッシャーをかけるだけではボールを奪えるとはかぎらず、かえって大きなピンチ（サイドチェンジ）になる危険もある。ここで名波の判断力がカギになるわけだ。

名波は相手ボランチへのマークをするだけでは十分ではない。相手の左サイドバックが壁パスでフリーになると予測したなら、そこを潰しに動く必要がある。自分のマークするボランチを味方に受け渡す、あるいはボランチへのパスコースを切りながらサイドバックへ寄せていく必要がある。名波はそうした予測と状況判断に優れていた。そもそも、藤田と福西、そして名波本人の距離感から危険を察知できた場合は、藤田に速く寄せすぎないように指示をするという手もある。藤田がほんの少し寄せのタイミングを遅らせることで、ワンツーで入れ替わられる事態を回避できるからだ。

味方と相手の位置関係を把握して的確な判断のできる名波をＢＯＸの中心に据えることで、プレッシングのコントロールが効いた。主に3人目の守備者として、名波がプレッシングの局面をコントロールすることでN－BOXは機能していたのだ。名波が不在のときにこの役割を果たせる選手がいない以上、N－BOXはその名のとおり、名波ありきのシステムだったといえる。

「ボール、相手、味方の状況によって判断する。とくにボールが今どういう状態かによって、判断をチーム全体で共有するのがジュビロのサッカーでした」（田中誠）

N－BOXという名と特異なフォーメーションで記憶されているが、磐田のサッカーを単純なシステム論で片付けてしまうことはできない。

規則的な約束事はむしろ少なかった。あの特殊な配置をマネしただけでは、かえってポジショニングに混乱が生じるだけなのだ。局面を読む力、その判断力をチーム全体で共有していたからこそのN－BOXであり、だからこそポジションの入れ替わりが有利に働いたのである。

その中でも名波の判断力は不可欠だった。鈴木監督は「名波なしではできない」と言い、実際に名波が負傷で離脱したときは普通の3－5－2に戻している。

4対2の名手たち

N－BOXは中盤をサイコロの5の目に配置するという世界的にも類のないフォーメーションだが、配置そのものに効果があったわけではない。どんなシステムでもそうだが、問題は中身である。ジュビロ磐田はN－BOXでなくても強かったし、その理由はフォーメーションとは当然別のところにあった。

「よく練習していたのが4対2ですね」（田中誠）

攻撃側が4人、四角形を作ってパスを回し、四角形の中に守備側2人が入ってパスカットを狙う。どこでもよく行われているトレーニングだ。ただ、当時の磐田はこの4対2を極めていたという。

「攻撃側は2人の守備者の間にパスを通そうとする、守備側は間を閉じて通されないように。その攻防なんですが、守備側からいえば攻撃側の2人の距離が近くなったときがボールを奪うチャンスになります。そうした状況に誘導する守備側の意図があり、攻撃側はそうならないように、そうなったときでも奪われないようにという駆け引きになります」（田中誠）

4対2の肝になるのが判断力だ。どうなったらボールを奪えるか、奪われないのか。奪いやすい形に持っていくにはどうするのか。そこを徹底して追求してきた。磐田の選手たちが局面の読み、駆け引きに優れていて、その感覚を共有できているのは4対2や3対2を徹底的にやり込んでいたからだった。

選手のポジションが常態化しておらず、状況に応じて変化するのがN－BOXの大きな特徴であり、それが可能だったのは名波浩の存在だけでなく、4対2の名手が揃っていたからなのだ。

磐田のサッカーは4対2の感覚とスキルをフィールド全面に活用していた。この状況ならこう動けばいい、そうした定石をチーム全体で理解していたのは大きい。全体のポジションがどう動くかというよりも、局面での4対2の強さがシステムを支えていたといっていい。多少ポジションが入れ替わろうと基本的にやることは同じで、またそれができるメンバーだったから自由度の高いシステムが機能した。

「パスが10センチずれただけでも文句が出た。僕らほど4対2を真剣にやったチームもないと思う」（田中誠）

最初に鈴木監督がこのシステムを提案したとき、「マサくん、これできないよ」と言ったのは名波だったそうだ。ちなみに「マサくん」は鈴木政一監督の愛称だが、当時から選手たちは監督を「マサくん」と呼んでいた。選手がプロで監督がヤマハの社員という立場もあったが、鈴木監督の親しみやすいキャラクターゆえだろう。ただ、マサくんは何でも話せる親しみやすいオジサンではあったが、意外と頑固でもあり「いや、お前らならできるはずだ」と名波の訴えを一蹴したという。鈴木監督は正しかったわけだが、それ以前から培ってきた選手たちの判断力を信頼していたのだろう。

パスの質や精度、守備のポジショニングや寄せ方……4対2を極めていくことで磐田はチームとしての共通理解とプレーの精度を高めていった。

このときの磐田のフィールドプレーヤーは日本人で占められている。レギュラーの外国人選手はGKのヴァン・ズワムぐらい。個人技で勝負できるのも高原直泰ぐらいで、飛び抜けてスピードがあったりパワーのある選手もいない。身体能力や個人技ではなく、チームプレーが磐田の強みであり、日本人選手で固められたゆえの共振性が際立っていた。外国人選手頼みではない強豪という意味でも、磐田はJリーグで特異な存在感を放っている。

オランダの影響

ジュビロ磐田がJリーグに参入したのは開幕から遅れること1年の94年だ。いわゆるオリジナル10ではない。昇格したシーズンから元日本代表監督のハンス・オフトが指揮を執った。

オフトは日本リーグ時代にヤマハの指揮を執っていて、磐田とはパイプがあった。オフトといえば「アイコンタクト」「スリーライン」「トライアングル」で有名だが、代表監督時代に日本全国に広まった用語を駆使した指導は磐田でも同じである。

「僕や福西（崇史）、奥（大介）、（鈴木）秀人はサテライトでオフトに基本をみっちり叩き込まれましたね。N－BOXのメンバーでオフトと関係がないのは高原（直泰）と大岩（剛）ぐらいでした」（田中誠）

チームのバックボーンになる、例の4対2もオフト監督の下で研ぎ澄まされていった。

「僕らがやっているのを見て、オフト監督は『こんなの遊びじゃねえか』と言って、それから細かくやり始めたんです」（田中誠）

オフトは代表監督のときと同じように、英語の用語とともにサッカーのディテールを叩き込んでいく。ビハインド・ザ・ボール（ボールを持っている選手の斜め後ろにサポートする）、アイコンタクト（パスを出すときに受け手と目を合わせる）など、オランダ式ノウハウだ。日本代表のキャプテンだった柱谷哲二は「あとで振り返れば、いわゆるダッチ・ビジョンでしたね」と話していた。オランダのユース世代向けに作られた指導要領みたいなものだ。

オフトが日本代表監督だったときにも「基本を叩き込んだ」と言われていた。ただ、オフト本人によると「ベーシックではなくディテール」だそうだ。基本があって、そのうえに高度な応用が乗っかるという類のものではなく、アイコンタクトやトライアングルなどはサッカーを構成する要素の1つである。簡単か難しいかではなく、どれも等しく1つのディテールだとオフトは説明していた。そして、オランダのサッカーはこうしたディテールがたくさんあり、どれも明確なところに特徴がある。

オランダのサッカーは非常に理詰めなのだ。ポジショニング、パスの質、コントロールの仕方……1つ1つに「正解」がある。「左側のセンターバックには左利きを起用しなければならない」という考え方が当たり前にある国なのだ。左へ向いたときのパスのアングルが左利きのほうが広いからだが、多くの国々ではそこまで気にしない。左サイドバックには左利きがほしいと思うぐらいで、センターバックまで左利きでなければいけないとは考えていない。オランダがディテールにこだわるのは、正確にパスをつないで攻撃するのがサッカーだと考えているからだ。アバウトにロングボールを蹴ってセカンドボールを拾っていこうというサッカーなら、パスのアングルや質やポジショニングはそんなに気にしなくていい。つなごうとするからディテールが必要になる。

「オフトはドリブルが嫌いみたいで、奥はよく怒られていましたね。（藤田）俊哉も天才肌なので怒られてました」（田中誠）

理詰めなのだ。サッカーはフィーリングに任せてプレーするものではない、このオフトの、というよりオランダのサッカー観は細かくて正解があるぶん伝達力が強い。その確固たるプレースタイルで知られているバルセロナのサッカーもオランダ由来である。元バルセロナ監督のジョゼップ・グアルディオラが指揮を執るバイエルン・ミュンヘンも急速にバルサ化している。論理的なので、相性がよければ伝わる力が強いのだ。

余談だが、日本サッカーへのオランダの影響は意外に大きい。プロクラブの先駆けとなった読売クラブは初期の段階でオランダ人のフランツ・ファン・バルコムをコーチに迎えていた。横浜フリューゲルスで指揮を執り、遠藤保仁らに大きな影響を与えたカルレス・レシャックはスペイン人だが、彼が教えたバルサのサッカーは前述のとおりルーツはオランダである。間接的にだが、遠藤が移籍したガンバ大阪のプレースタイルや哲学にもオランダの色彩が入っているわけだ。

外国の影響ということならブラジルも外せない。読売クラブはオランダというよりブラジル式で知られていたし、日産自動車や多くのチームがブラジルの影響を受けていた。最もそれが強く残っているのが鹿島アントラーズだろう。ブラジル人の監督、選手、スタイルを継承して成果を挙げてきた。ただ、オランダの戦術も意外と影響を与えてきたといえる。

オフト監督の3年間でオランダ方式を叩き込まれた選手たちは、その技術と判断力を駆使したN－BOXという大輪の花を咲かせるに至った。ところが、それは次の世代には継承されていない。鹿島は世代交代しても一定の鹿島らしさが変わらなかったが、それとは対照的に、磐田は全盛期のメンバーが退くと同じサッカーを再現できなくなった。論理的なオランダ式がベースだったのだから継承はしやすかったはずなのだが。

世代交代の失敗

N－BOXの成功はハンス・オフトの言う「ディテール」を共有できていたことが大きい。

「最初は相手もよくわかっていないのでプレスもハマったんですが、こちらの手の内がわかってくると対策をとられるようになりました。FWが両サイドに開いていたり、逆サイドや高いディフェンスラインの背後を早めについてきたり。そこで僕らもプレスを開始する位置を変えるなど、修正しながら作っていったんです」(田中誠)

〝マサくん〟こと鈴木政一監督が強調したのは「判断」だった。相手のパスが緩い、コントロールが浮いている、体の角度が悪い、ヘッドダウンしている……そうしたボールを持っているときの〝悪い状態〟を見逃さず、プレスのスイッチを入れる。いつ、プレスにいくかの判断を共有することがカギだった。判断の共有については、オフト時代から叩き込まれてきた強みで、鈴木監督もそれを信頼していたからこそのN－BOXというアイデアだったわけだ。土台がしっかりしていたので、相手チームの対策にも対応することができた。

「攻撃は局面で数的優位を作る、守備は最終ライン同数でもオーケーというのがマサくんの考えでした。僕らは同数でも守らなければいけないんで、けっこうキツかったですよ（笑）。ただ、オフト監督のときに『ハーフ&ハーフ』というのを言われていて、要は1人で相手2人をみる、どちらにも行けるポジションをとることなんですが、その判断も僕らのサッカーの素でしたね」（田中誠）

N－BOXの配置自体は特異だったが、ボールと相手と味方を見て判断するというプレーはジュビロ磐田の選手にとってはセオリーどおり。特殊な配置によるメリットを生かし、デメリットをカバーするためのディテールもすでに手の内にあった。

「まず中を締めて外へ追い込み、追い込んだからスライドして狭い局面にして奪う。奪ったら散開してパスを回し、相手の隙を広げながらそこをつく」（田中誠）

言葉にしてしまえば、まさにセオリーどおり。ただし、セオリーどおりでないフォーメーションでセオリーどおりにプレーするためには、個々の選手の質の高さだけでなく、ディテールの共有が決定的だったわけだ。

では、強かった磐田のサッカーが継承されなかったのはどうしてなのか。

強力なチームの世代交代が遅れがちなのは、ある程度仕方がない。磐田のように個々の能力が高く、さらにチームとしての完成度も高いと、若手が割って入る余地がなくなってしまうからだ。能力が優れているだけでは、出来上がったコンビネーションの中に入っていけない。N－BOXのメンバーも藤田俊哉や名波浩、高原直泰が移籍し、中山雅史がピークを過ぎ、ベテランのパフォーマンスが徐々に落ちていく中で若手に切り替わっていったのだが、単純に世代交代をしただけで、〝引き継ぎ〟が上手くいかなかった。若手がピーク時の中心メンバーからポジションを奪いとったのではなく、空席に収まっただけだった。

「僕らの一番良かった時期にポジションを奪ったわけではないのに、ポジションをとれたので自分たちのほうがやれると過信してしまったのかもしれない」（田中誠）

N－BOX世代の選手たちは、オフトの薫陶を受けながら力づくでポジションを奪いとった面々だった。しかし、彼らのピーク時にはそうした競争は起こらず、力が落ちた段階でようやく世代交代している。それも半ば人工的に、クラブの方針として世代交代に着手したために、世代交代はしても継承されたものが少なかった。

入口も出口も開けておくこと、世代交代について昔からよく使われているフレーズである。1人出たら新しい選手が1人入る、いつのまにか入れ替わっているのが理想だ。逆にいえば、いっぺんに入れ替えてしまうのは危険ということなのだろう。世代交代して若返っただけでは強くはならない。

ライバルだった鹿島アントラーズと比べると、磐田は監督の選び方も一貫性がない。オランダ人のオフトの次がブラジル人のフェリペ・スコラーリ、その半年後には桑原隆（監督代行）、翌年に再びブラジル人のバウミール、もう一度桑原、ハジェヴスキー、そして鈴木政一。その後は柳下正明、桑原、鈴木、山本昌邦と日本人路線が定着したかと思ったら、06年には山本からブラジル人のアジウソン。監督の国籍が違うのがいけないというわけではないが、クラブの理念は一貫していたのだろうか。

全盛期の01、02年に素晴らしいチームを作ったのは良かったのだが、それを継承できなかったのはJリーグにとっても残念だった。N－BOXが強力だったのは、単に素晴らしい選手が揃ったからではなく、彼らに共通のバックボーンがあり、さらにレベルアップを目指す野心があったからだ。選手たちが共有していたものを、クラブも共有することはできず、世代交代とともに強かった理由も失われた。

強烈な印象を残したN－BOXだが、他のチームが採り入れようとした動きもなかった。フォーメーション自体が強さの本質ではなかったにしても、あれほど成功した戦術をどこもマネようとしなかったのはやはり無理だと思ったからだろうか。

Jリーグ21シーズンの歴史でも戦術的に極めて珍しく、しかし完成度も高かったN－BOXはそれゆえに再現するのが難しかった。サッカーのチームはそういうものだけれども、1度そうしたチームを生み出せただけでもJリーグは幸運だったといえる。

【著者】

西部謙司 / Kenji NISHIBE

1962年9月27日生まれ、東京都出身。雑誌『ストライカー』の編集記者を経て、02年からフリーランスとして活動。95年から98年までパリに在住し、ヨーロッパサッカーを中心に取材。東邦出版刊に『戦術に関してはこの本が最高峰』(浅野賀一との共著)、『FOOTBALL FICTIONS 偉大なるマントーバ』。近著に『メッシは2歩で敵を抜く』(学研パブリッシング)、『サッカーで大事なことは、すべてゲームの中にある』(出版芸術社)、『ゴールのあとの祭り』(ベースボールマガジン社)など、出版物も多数。現在は千葉市に住み、ジェフ千葉のファンを自認している。

ブックデザイン　渡川光二
協　　力　田中誠
株式会社ラボーナ
田中滋
編　　集　中林良輔
制　　作　シーロック出版社

Ｊリーグの戦術は ガラパゴスか最先端か

西部謙司／著

2014 年 3 月 10 日　初版第 1 刷発行

発 行 人　保川敏克
発 行 所　東邦出版株式会社
〒 151-0051　東京都渋谷区千駄ヶ谷 2-33-8
http://www.toho-pub.com
印刷・製本　株式会社シナノパブリッシングプレス
（本文用紙／ラフクリーム琥珀 四六 71.5kg）